# Lüneburg entdecken

## Mit Lüneburger Heide und Elbtalaue

# Lüneburg entdecken

## Mit Lüneburger Heide und Elbtalaue

Klassiker und Geheimtipps

Ines Utecht

Ellert & Richter Verlag

# Inhalt

Blick auf den Kern der Lüneburger Innenstadt mit dem historischen Platz Am Sande. Die Häuserzeile in der Bildmitte zeigt eine typische Lüneburger Giebelansicht auf dem Platz. Eines der schönsten Giebelhäuser, die heutige Industrie- und Handelskammer, ist am linken Bild-

rand zu sehen. Im Hintergrund die St. Michaeliskirche in der Westlichen Altstadt, eine der drei großen Stadtkirchen. Hier musizierte und lernte zu Beginn des 18. Jahrhunderts für einige Jahre einer der berühmtesten Musiker und Komponisten: Johann Sebastian Bach.

# Hansestadt auf dem Salz
## Lüneburg

Die über 1000 Jahre alte Stadt am Rande der Lüneburger Heide ist ein Juwel mittelalterlicher Baukunst. Lüneburg fasziniert mit mehr als 1000 Baudenkmälern und einer Geschichte, die überall ihre Spuren hinterlassen hat. Auf einem Salzstock erbaut, kam die Stadt durch die Salzgewinnung und den Handel mit dem damals kostbaren Gut zu Reichtum und Macht.
Dieser Reichtum zeigt sich bis heute in der Architektur: Mit ihren prächtigen Giebelhäusern, den Gebäuden im Stil der Backsteingotik, den großen Stadtkirchen und einem der schönsten und größten mittelalterlichen Rathäuser Norddeutschlands zieht die alte Salzstadt Jahr für Jahr Tausende von Besuchern in ihren Bann. Da Lüneburg im Zweiten Weltkrieg von Zerstörungen weitgehend verschont blieb, findet der Besucher heute in der Innenstadt ein nahezu geschlossenes mittelalterliches Stadtbild vor.
Die Stadt wuchs aus drei Keimzellen zusammen, *mons*, *fons* und *pons* genannt. Auf dem Kalkberg – mons – stand die herzogliche Burg. In diesem Zusammenhang

Tafel des Heiligenthaler Altars, heute in der St. Nicolaikirche. Das Gemälde des Hamburger Meisters Hans Bornemann aus der Zeit um 1450 zeigt die älteste Stadtansicht Lüneburgs.

wurde Lüneburg am 13. August 956 erstmalig in einer königlichen Urkunde als „Lhiuniburc“ (Zufluchtsburg) erwähnt. Die Brücke über die Ilmenau – pons – war Teil der Siedlung Modestorpe in der Nähe der St. Johanniskirche. Fons steht für die Solequelle, aus der die Lüneburger über 1000 Jahre den Rohstoff gewannen, der ihnen zu Reichtum verhalf. Die Lüneburger Insignien *mons*, *fons* und *pons* zieren noch heute Fassaden und die Kanaldeckel der Stadt.

Neues Zentralgebäude an der Leuphana Universität, entworfen von Stararchitekt Daniel Libeskind. Voraussichtliche Fertigstellung: Anfang 2016.

Wer durch Lüneburg spaziert, wird aber keineswegs nur die steinernen Zeitzeugen der städtischen Geschichte wahrnehmen; die Stadt versprüht ein junges, lebendiges Flair, das seinesgleichen sucht. Dazu tragen die über 7000 Studierenden der Leuphana Universität bei sowie die vielen hübschen Geschäfte und Fußgängerzonen und eine Kneipendichte, die sich rühmt, nach Madrid die zweithöchste Europas zu sein. Mit zwei Theatern, interessanten Museen, Lesungen, Konzerten und Festen ist Lüneburg auch ein kultureller Anziehungspunkt in der Region.
Eine bedeutende Rolle spielt die mittelalterliche Kulisse der Stadt mittlerweile auch im Fernsehen: Seit November 2006 ist die alte Salzstadt Drehort der ARD-Telenovela „Rote Rosen", bei der sich alles um Liebe, Herzschmerz, romantische Irrungen und Wirrungen einer Frau in ihren besten Jahren dreht. Ein deutlicher Anstieg der Besucherzahlen ist seither zu verzeichnen, viele Touristen suchen gezielt die Drehorte auf.

# Historische Salzstadt
## „De Sulte dat is Luneborch"

Mit diesem Satz stellte 1461 der Lüneburger Bürgermeister Hinrik Lange die Bedeutung des Salzes für die Stadt fest. Salz, auch „weißes Gold" genannt, war im Mittelalter das einzige Produkt, mit dem Speisen haltbar gemacht werden konnten. Die Lüneburger Saline war die bedeutendste Produktionsstätte Nordeuropas – bis zu 30 000 Tonnen jährlich wurden in der Blütezeit der Stadt im 15. und 16. Jahrhundert gewonnen. Die Lüneburger pumpten die Sole ans Tageslicht und verkochten sie in riesigen Pfannen, bis das pure Salz übrig blieb. Es wurde in Fässer gefüllt und am Alten Hafen an der Ilmenau in Richtung Lübeck und von dort aus in alle Welt verschifft. Durch den regen Handel wurde Lüneburg reich und mächtig. Nutznießer der Salzproduktion waren unter anderem die Sülfmeister. Sie besaßen die Rechte an den Siedepfannen und -hütten, fungierten vom 14. bis zum Beginn des 17. Jahrhunderts als alleinige Stadträte und bildeten den angesehensten Stand der Lüneburger Bevölkerung. Doch auch andere Wirtschaftszweige rund um die Salzproduktion florierten, zum Beispiel die Böttcher, die die Fässer herstellten, sowie Salzmesser oder Schiffer. Ihre besondere Stellung als Salzproduzentin verhalf Lüneburg um 1362 zur Aufnahme in den Bund der Hanse.

Lüneburg strebte seit Anfang des 13. Jahrhunderts nach wirtschaftlicher und politischer Unabhängigkeit. 1371 stürmten und zerstörten Lüneburger Bürger in der sogenannten St. Ursula-Nacht die herzogliche Burg auf dem Kalkberg und schwächten dadurch die Macht der Herzöge erheblich. Mit dem Ende des Prälatenkriegs im Jahr 1462, bei dem die Sülfmeister die immer höher werdenden Steuerzahlungen an die Stadt verweigerten, begann Lüneburgs Blütezeit, die bis ins 16. Jahrhundert reichte. Die Stadt trieb schwung-

**Was:** Informationen, Stadtführungen und Übernachtungen
**Wo:** Lüneburg Marketing GmbH, Rathaus/Am Markt, 21335 Lüneburg
**Infos:** Kostenlose Hotline Tel. 0800/2205005, www.lueneburg.info

Gipsabbau am Lüneburger Kalkberg. Im Vordergrund ist ein Meiler zur Kalkherstellung zu sehen, im Hintergrund der Kalkberg mit einem Aussichts- bzw. Befestigungsturm. Ölgemälde aus dem 16. Jahrhundert (Museum Lüneburg).

haften Handel in ganz Europa, war Veranstalterin von Hansetagen und nahm an denen anderer Hansestädte teil. Mit 14 000 Einwohnern war Lüneburg damals eine vergleichsweise große Stadt. Patrizier- und Sülfmeisterfamilien bauten die noch heute zu bewundernden Giebelhäuser, die vom Reichtum ihrer Besitzer zeugen. Die zunehmende Konkurrenz bei der Salzproduktion schwächte die herausragende Position der Lüneburger Saline, Ende des 18. Jahrhunderts erreichte die Salzproduktion ihren Tiefstand. Es endete auch die Mitgliedschaft Lüneburgs in der Hanse, die ihren Niedergang im 17. Jahrhundert erlebte. Doch seit Oktober 2007 darf sich die Stadt Lüneburg nach einem erfolgreichen Bewerbungsverfahren wieder Hansestadt nennen. Die Saline wurde 1980 geschlossen. Auf ihrem Gelände befindet sich das Deutsche Salzmuseum (Seite 78).

Lüneburg um 1590 auf einem Kupferstich aus dem zeitgenössischen Städteatlas von Braun-Hogenberg. Auffallend ist die mächtige Stadtbefestigung: Am unteren Bildrand ist der große Ilmenauhafen mit dem Stapelplatz des Feuerholzes für die Saline zu sehen. Rechts erkennt

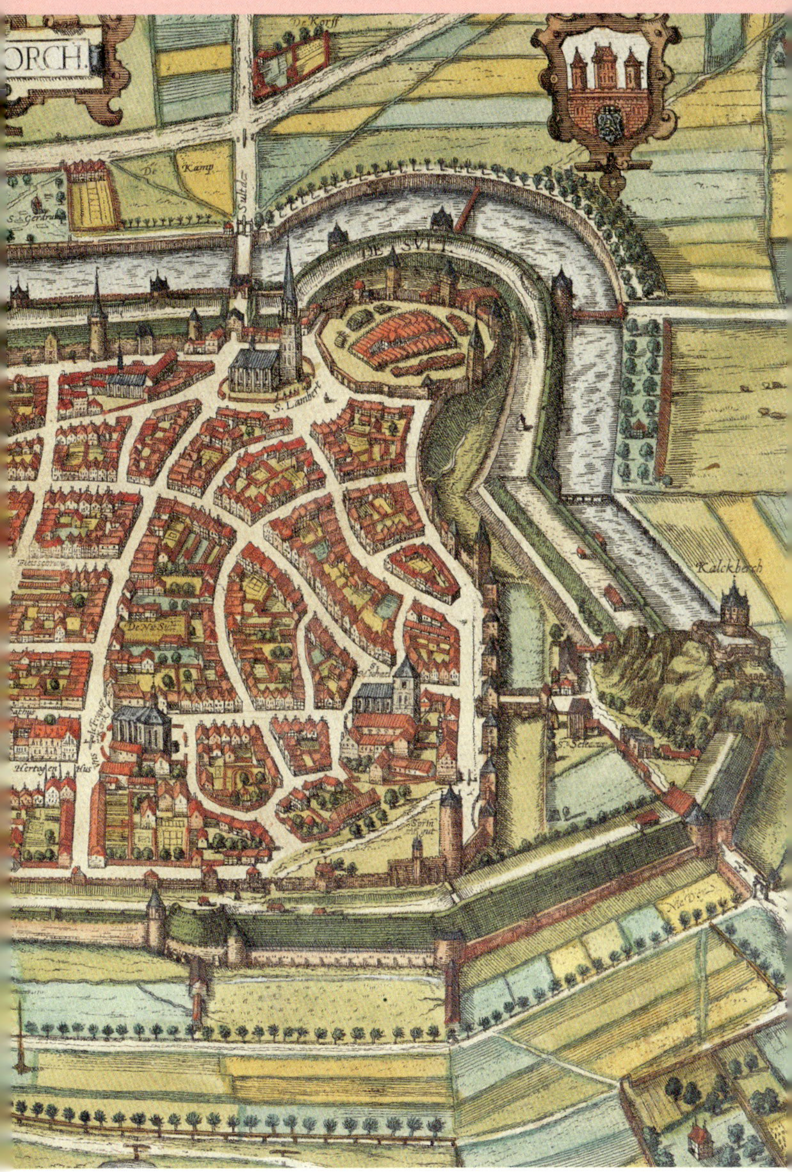


man den Kalkberg, am oberen rechten Rand der Stadt liegt die Saline. Eine weitere Mauer trennt sie von der übrigen Stadt.

# 700 Jahre Baugeschichte

## Das Lüneburger Rathaus

Das **Lüneburger Rathaus** ist ein architektonisches Juwel. Mit seinen 259 Räumen ist es eines der herausragendsten Baudenkmäler Norddeutschlands, es ist das größte und gilt vielen auch als das schönste mittelalterliche Rathaus im Norden. Der Bau wurde um 1230 begonnen – er sollte über 700 Jahre andauern. Jede Epoche hat am und im Gebäude bedeutsame Spuren hinterlassen, und so gleicht ein Gang durch die kostbar ausgestatteten Räume einer Zeitreise durch Mittelalter, Barock und Renaissance. Für Besucher ist die Teilnahme an einer Führung sehr zu empfehlen.

Der rund 100 Meter lange und 45 Meter breite Gebäudekomplex wird heute nicht nur als Museum genutzt, er ist nach wie vor Sitz der Stadtverwaltung. In den Anfängen des Baus wurden bis Ende des 13. Jahrhunderts mehrere Einzelgebäude errichtet, darunter

Die Sandsteinfigur unterhalb der Rathausuhr zeigt „Pax“, den Frieden.

ein erster kleiner Rathausbau neben der Ratskapelle zum Heiligen Geist, die sich am nordwestlichen Rand des heutigen Rathauses befand. Es folgten das Gewandhaus, ursprünglich eine Verkaufshalle für Stoffe, mit zweitem Rathausgebäude, Ratsweinkeller, Ratswaage und Niedergericht.

**Wann:** Öffentliche Führungen für Einzelpersonen Januar–März Di–So 11 und 14 Uhr, April–Dezember Di–Sa 11 Uhr, 12.30, 14.30 und 16 Uhr, So 11 und 14 Uhr, montags geschlossen (auch an Feiertagen)
**Infos:** Lüneburg Marketing GmbH, Tel. 0800/2205005, www.lueneburg.info

Das historische Rathaus am Marktplatz. Mit seiner über 700-jährigen Baugeschichte und seinen zahlreichen prachtvollen Sälen und Räumen ist es eines der schönsten und bedeutendsten Rathäuser Norddeutschlands.

Die Gebäude wurden zunächst mit einer Fassade im gotischen Stil verblendet. 1720 erhielt diese ihr barockes Erscheinungsbild, das 1870 noch einmal verändert wurde. Sie ruht auf fünf zentralen Pfeilern, über denen 15 prächtige, mit Gold verzierte Sandsteinfiguren zu sehen sind. Die Figuren symbolisieren Tugenden,

Immer wieder eine Augenweide: der magnolienbestandene Rathausgarten. In dieser kleinen Oase lässt es sich nach einer Rathaus- oder Stadtführung wunderbar verschnaufen.

Die Gerichtslaube entstand im Jahr 1330 und ist einer der schönsten Räume des Rathauses. Wunderschöne Decken- und Glasmalereien an den Fenstern schmücken den Raum. Der Fußboden aus ehemals glasierten Tonplatten und Gipsfeldern wurde zu seinem Schutz mit einer Glaskonstruktion abgedeckt.

beispielsweise steht Pax für Friede oder Justitia für Gerechtigkeit. 1449 wurde über dem Gewandhaus der Fürstensaal errichtet, in dem offizielle Feierlichkeiten, etwa anlässlich von Hansetagen oder bei Besuchen des Landesherrn, begangen wurden. Der Saal wird auch heute für Konzerte und festliche Empfänge genutzt. Die **Gerichtslaube** aus dem 14. Jahrhundert ist ein besonders eindrucksvoller Raum. Ihre bemerkenswerten Deckenmalereien und Darstellungen in den Buntglasfenstern mahnten die Ratsherren, Gerechtigkeit gegenüber den Menschen walten zu lassen, unabhängig von deren Stand. Eine mittelalterliche Fußbodenheizung sorgte während der Ratssitzungen für die nötige Wärme. Sie bestand aus einem Lehmofen unter der Gerichtslaube, von wo die heiße Luft über regulierbare Kanäle nach oben zog. Parallel zur Gerichtslaube wurde im späten

Innenansicht des Rathauses: die Große Ratsstube aus den Jahren 1564 bis 1584. Sie ist ebenso wie die Gerichtslaube dem Thema Gerechtigkeit gewidmet. Die Besichtigung der Gemälde von Daniel Frese und der Schnitzereien von Albert von Soest ist ein unbedingtes Muss für jeden Rathausbesucher.

16. Jahrhundert die **Große Ratsstube** als Tagungsraum der Ratsherren genutzt. Sie gilt, auch dank der aufwendigen Wand- und Deckenmalereien, die Daniel Frese schuf, als der schönste und bedeutendste Raum des Rathauses. Wieder thematisieren die allegorischen Bilder Recht und Gerechtigkeit. Vom Ratsschnitzermeister Gerd Suttmeier und dem Bildhauer Albert von Soest stammen die aufwendigen Eichenholzschnitzereien. Sie veranschaulichen römische und biblische Geschichten.

Die Alte Kanzlei, die Bürgermeisterkörkammer, in der ursprünglich die Bürgermeisterwahlen stattfanden, das Alte Archiv und weitere Räume wurden als Arbeitsräume genutzt.

Ein Tipp nach der Besichtigung: An der Südseite des Rathauses liegt der kleine Rathausgarten, der mit seinen prächtigen Magnolien ein schöner Ort zum Ausruhen ist.

# Architektonisches Kleinod

## Das Heinrich-Heine-Haus

Ruhig muss es in Lüneburg zu Zeiten Heinrich Heines (1797–1856) gewesen sein. Zwischen 1821 und 1827 verbrachte der berühmte Dichter einen Teil seines Lebens in Lüneburg und urteilte, die Stadt sei eine „Residenz der Langeweile". Ob Heinrich Heine sich wirklich langweilte, lässt sich nicht mit Sicherheit feststellen. Immerhin schuf er hier eines seiner berühmtesten Werke, das „Buch der Lieder" mit dem Lied von der „Loreley" – anscheinend muss die Stadt doch etwas für ihn Anregendes gehabt haben. Architektonisch bedeutungsvoll ist in jedem Fall das Haus, in dem die Eltern Heines das zweite Stockwerk als Mieter bewohnten. Die baulichen Ursprünge des prächtigen ehemaligen Patrizierpalais liegen zwischen dem 13. und 15. Jahrhundert. Das **Heinrich-Heine-Haus**, so wie es heute zu sehen ist, wurde 1565 von Hartwig Witzendorff, Mitglied der gleichnamigen Patrizierfamilie, in der Grundfläche erweitert und mit einem Nebengebäude, der heutigen Volksbank, versehen. Der Bau weiterer Räume und Einrichtungen folgte. Die erhaltene barocke Treppe beispielsweise wurde zwischen 1632 und 1669 errichtet. In der zweiten Hälfte des 18. Jahrhunderts entstand der Rokoko-Medaillon-Saal im Obergeschoss. Er diente Wandertruppen als Theaterraum und wird auch heute wieder für Lesungen und Ausstellungen genutzt.
Seit 1941 ist das Haupthaus im Besitz der Stadt Lüneburg. Von 1985 bis 1992 wurde es aufwendig restauriert. Fast jeder Raum weist wunderschöne Decken- und Wandmalereien auf, so etwa der barocke frühere Tanzsaal, der heute dem Standesamt als Trauzimmer dient. Das Heinrich-Heine-Haus wurde 1993 seiner heutigen Nutzung übergeben: als Treffpunkt für Literatur- und

**Wo:** Heinrich Heine Haus, Literaturbüro Lüneburg e. V., Am Ochsenmarkt 1a, 21335 Lüneburg
**Infos:** Tel. 04131/3093687, www.literaturbuero-lueneburg.de

Das Witzendorff'sche Haus, nach seinem kurzzeitigen Bewohner auch als Heinrich-Heine-Haus bezeichnet. Rechts im Bild ein Teil des herzoglichen Schlosses, das heute das Landgericht und die Justizvollzugsanstalt beherbergt.

Kunstinteressierte. Es beherbergt die „Litcrarische Gesellschaft Lüneburg e. V." und das „Literaturbüro Lüneburg e. V.", das regelmäßig Lesungen mit bekannten Autoren organisiert. Alle zwei Jahre vergibt das Literaturbüro das „Heinrich-Heine-Stipendium": Im hinteren Teil des Hauses steht Autorinnen und Autoren eine Stipendiatenwohnung zum Leben und Arbeiten zur Verfügung. Berühmte Schriftsteller werden als Ehrengäste zu Lesungen eingeladen; zu ihnen zählen zum Beispiel Sten Nadolny, Martin Walser, Elfriede Jelinek und Daniel Kehlmann.

Der „Bund Bildender Künstler e. V." hat hier ebenfalls seinen Sitz. Wechselnde Ausstellungen, Sonderschauen, aber auch kleinere Konzerte und andere kulturelle Veranstaltungen sind regelmäßig im Heinrich-Heine-Haus zu erleben.

# Markttreiben vor Barock-Fassade

## Marktplatz mit Lunabrunnen

Der **Marktplatz** vor dem Alten Rathaus ist das lebhafte Zentrum der Hansestadt und wird oft und gerne für alle Arten von Veranstaltungen genutzt. Auf einem großen Wochenmarkt, der immer mittwochs und samstags stattfindet, bieten Bauern und Feinkosthändler heimisches Obst, Gemüse oder regionale Fleisch- und Wurstspezialitäten an. Die ganze kulinarische Bandbreite der Lüneburger Heide, sowohl Bio- als auch herkömmliche Produkte, wird hier präsentiert. Zentrum des Marktplatzes ist der Brunnen von 1530 mit der Luna-Figur, einer zierlichen Statue der Mondgöttin. Die Luna gilt als eines der Wahrzeichen Lüneburgs, weil man irrtümlicherweise lange dachte, der Name der Stadt leite sich von ihr ab. Die heutige Büste ist leider nur eine Nachbildung. Das Original wurde 1970 gestohlen.

Pünktlich dreimal am Tag, um 8 Uhr morgens, 12 Uhr mittags und 18 Uhr abends, erklingt nach dem Glockenschlag im Rathausturm ein Glockenspiel. 41 Meißener Porzellanglocken spielen bekannte Melodien wie „Der Mond ist aufgegangen“ oder andere Lieder. Anlässlich des tausendjährigen Stadtjubiläums 1956 hatten Lüneburger Bürger die kostbaren Glocken gestiftet. So kann sich die Stadt mit einem der größten Glockenspiele Europas rühmen. Zur Winterzeit verstummen die Glocken allerdings – sie reagieren zu empfindlich auf Kälte.

Der Lunabrunnen von 1530 auf dem Marktplatz. Die Figur der Diana, die den Brunnen ziert, trägt auf ihrem Haupt eine Mondsichel und wird deshalb als Mondgöttin bezeichnet.

Von der mittelalterlichen Umbauung des Marktplatzes existiert heute nur noch das Rathaus, alle übrigen Bauten sind jüngeren Datums. An der Nordseite des

Rund um den Brunnen findet zweimal wöchentlich ein großer Markt statt. Die Bauern kommen mit ihren Köstlichkeiten aus der Heide, von der Elbe und aus Bardowick, dem sogenannten Gemüsegarten Hamburg.

Marktplatzes befindet sich das ehemalige Stadtschloss der Herzöge von Braunschweig-Lüneburg. Es wurde Ende des 17. Jahrhunderts als schlichter dreigeschossiger Bau mit großer Freitreppe errichtet und diente Eleonore d'Olbreuse, der letzten Gemahlin des Herzogs von Celle, Georg Wilhelm, nach dessen Tod von 1706–1717 als Witwensitz. Ab 1866 war es in preußischem Besitz und wurde bis 1918 als Kaserne genutzt. Heute beherbergt das Schloss das Lüneburger Landgericht.

Bei bestimmten Anlässen wird der Marktplatz zum Schauplatz für Konzerte, zum Beispiel beim jährlichen Stadtfest oder während des Weihnachtsmarkts. In der Adventszeit wird die prächtige Kulisse des Rathauses in festliche Illuminationen getaucht und es ertönen die Weisen eines Trompeters vom Rathausturm. Glühwein, Kunsthandwerk und Kinder-Zwergenbahn sorgen für vorweihnachtliche Stimmung.

# Bücherschätze in Franziskanerkloster
## Die Ratsbücherei

Vis-à-vis zur Nordseite des Rathauses befindet sich die **Ratsbücherei**, eine der ältesten Stadtbibliotheken Deutschlands. Ihren Namen verdankt die Bücherei dem Umstand, dass „des rades liberie", die Ratsbibliothek, im Mittelalter nur Ratsmitgliedern zugänglich war. Sie war seit dem 14. Jahrhundert ursprünglich im Rathaus untergebracht, wurde 1555 jedoch in das Refektorium des benachbarten Franziskanerklosters verlagert. Das Kloster löste sich damals auf, sodass die umfangreichen Buchbestände des Klosters mit denen des Rates zusammengeführt werden konnten. Dadurch erklärt sich der kostbare Bestand der Ratsbücherei: Über 796 Pergament- und Papierhandschriften und 1131 Inkunabeln, insbesondere aus der Theologie, zählen zu dem wertvollen Inventar. Bücher anderer Bibliotheken und Schenkungen reicher Bürger, Patrizier, Ärzte und Apotheker, trugen zum weiteren Wachsen des Bestands bei. Zu den Kostbarkeiten der Bibliothek gehören Rechtsschriften wie zum Beispiel Auszüge aus dem „Sachsenspiegel" und dem „Schwabenspiegel" (um 1410), 20 000 Drucke aus dem 16. bis 18. Jahrhundert sowie diverse Musikschriften. So werden neben Musikhandschriften aus dem Mittelalter auch Manuskripte von Johann Sebastian

Jahrhundertalte Bücher: Die Ratsbücherei mit ihren historischen Beständen, unter anderem mittelalterliche Handschriften aus Musik und Theologie, beherbergt eine der bedeutendsten Sammlungen Deutschlands.

**Wo:** Ratsbücherei Lüneburg, Am Marienplatz 3, 21335 Lüneburg
**Infos:** Tel. 04131/3093609

Die wertvollen Bücher rühren aus den Beständen des Franziskanerklosters, das an dieser Stelle ursprünglich stand. Übrig geblieben ist die gotische Halle mit Kreuzgewölbe, in der heute „moderne" Literatur zu finden ist.

Bach, Matthias Weckmann und dem Organisten Georg Böhm, der viele Jahre in der St. Johanniskirche tätig war, aufbewahrt; hinzu kommen die für die Musikforschung international bekannten „Lüneburger Orgeltabulatoren". Die historischen Schriften befinden sich hinter Panzerglas in einem Rest des Kreuzgangs. Die gotische Halle mit Kreuzgewölben bildet den Hauptraum im Erdgeschoss, in dem heute Belletristik ausgeliehen werden kann.

Der schöne magnolienbewachsene Innenhof der Ratsbücherei gehörte früher ebenfalls zu dem Franziskanerkloster. An der Nordseite des Hofes steht ein Gebäudeensemble aus der Mitte des 16. Jahrhunderts, die sogenannten Predigerwitwenhäuser. In den fünf zweigeschossigen Fachwerkhäusern konnten Witwen lutherischer Geistlicher mietfrei ihren Lebensabend verbringen. Heute ist darin die Kinder- und Jugendbücherei untergebracht.

# Garlopenhäuser für berittene Boten

## Reitende-Diener-Straße

Vor der Ratsbücherei führt die **Reitende-Diener-Straße** Richtung Stadtwall. An ihrer östlichen Seite befindet sich eine Häuserzeile im mittelalterlichen Baustil – die erste Reihenhaussiedlung, wie man heute sagen würde.
Insgesamt neun sogenannte Garlopenhäuser mit gemeinsamer, einheitlich gestalteter Fassade und Dach wurden hier im Jahre 1558 erbaut. Der Name der Häuser stammt von dem Bürgermeister Hinrik Garlop, der die Häuser auf städtischem Grund errichten ließ. Sie wurden dem Rat der Stadt zur Verfügung gestellt, im Gegenzug musste dieser für die Unterhaltung der Gebäude sorgen. Hinrik Garlop selbst erlebte den Bau nicht mehr, er starb bereits 1553. Seine Erben setzten seine Idee um.
In den Garlopenhäusern wohnte die Schutztruppe des Rates, die sogenannten Reitenden Diener. Sie begleiteten Ratsherren zu wichtigen Terminen, etwa zu den Hansetagen, verrichteten zu Pferd Botengänge und Kurierdienste und sicherten die benachbarten Straßen. Bezahlt wurden sie vom Sodmeister, einem hochrangigen Salinenbeamten. Nach diesen berittenen Kurieren ist die Straße benannt. Damit die Reitenden Diener schnell zur Stelle sein konnten, war es zweckmäßig, sie in direkter Nähe zum Rathaus anzusiedeln.
Die Verzierung der Häuserfassade mit bronzenen Tafeln und Wappen ist besonders augenfällig. Die Bronzetafeln mit Darstellungen aus der Antike lassen sich als Symbol für den Bildungsstand der Familie Garlop lesen. Die hölzernen Wappenmedaillons mit Tau-

Die 1553 von Bürgermeister Hinrik Garlop gestifteten und nach ihm benannten Garlopenhäuser in der Reitenden-Diener-Straße werden heute von Teilen der Lüneburger Stadtverwaltung genutzt. Früher wohnte hier die Schutz- und Ehrentruppe des Rates, „Reitende Diener" genannt.

Auch die Häuser gegenüber den Garlopenhäusern in der Reitenden-Diener-Straße vermitteln den Eindruck längst vergangener Zeiten. Teils mit Fachwerk durchsetzt, mit Kletterrosen oder schönen Hausschildern verziert, zeigen sich hier liebenswert idyllische Hausfassaden.

steinumrahmung (siehe dazu auch das Giebel-Kapitel Seite 28) zeigen die Wappen der Garlops, ihrer Ehefrauen und Vorfahren. Die beiden Stilelemente untermauern den gesellschaftlichen Status der Stifter, die sich ihres Ranges bewusst waren.
Die Reitende-Diener-Straße endet vor einem Park an der Straße „Hinter der Bardowicker Mauer". In dieser engen kopfsteingepflasterten Gasse schmiegen sich kleine Häuschen – „Mietbuden" der kleinen, ärmeren Leute – an die Stadtmauer, die wiederum an den Park Liebesgrund grenzt. Der Park war ursprünglich ein Stadtgraben, erbaut in den Jahren 1910 bis 1911 nach Plänen des Gartenbauingenieurs Ferber. Der Park war bis 1940 von einer Holzbrücke überspannt, die in Richtung der Reitenden-Diener-Straße von einem Tor begrenzt wurde. Überreste der Brücke und des Walls, der den Park umgibt, sind nach wie vor erhalten.

# Spiegel bürgerlichen Wohlstands
## Lüneburger Giebel

Giebel an Giebel: Die charakteristischen Lüneburger Giebel gibt es in Treppen-, Schnecken- und Dreiecksform. Diese Giebelfront ist am Platz Am Sande zu bestaunen. Vermögende Lüneburger demonstrierten sowohl mit ihren reich verzierten Giebeln als auch mit ihren gediegenen Backsteinhäusern ihren Status: Sie waren im wahrsten Sinne des Wortes steinreich.

Wer durch Lüneburg spaziert, sollte den Blick immer wieder in die Höhe richten: Ungewöhnlich schöne **Giebel** in verschiedenen Formen und Ausführungen schmücken die Fassaden und Dächer der Backsteinhäuser. Sie sind ein besonderes Merkmal der Lüneburger Architektur. Vor allem Patrizierfamilien konnten sich diese Backsteinhäuser mit Ziergiebeln leisten und demonstrierten auf diese Weise ihren Reichtum: Sie waren „steinreich", im Gegensatz zu den ärmeren Einwohnern, die neben Ziegeln auch Holz zum Bau von Häusern verwendeten. Heute ist Fachwerk aus dem Stadtbild jedoch weitestgehend verschwunden. Holzkonstruktionen verstecken sich in den Innenbauten und Dachstühlen und sind teilweise noch an Häusern in der Westlichen Altstadt zu beobachten. Die Giebelhäuser selbst sind überall in der Innenstadt zu sehen.

Die Neue Straße in der Westlichen Altstadt zeigt eher einfache Giebelfronten, mit Fachwerk durchsetzt. In der Altstadt wohnten überwiegend Handwerker, die sich den teuren Giebelschmuck nicht leisten konnten.

Die reichen Lüneburger Bürger errichteten ihre Häuser mit der Schmalseite zur Hauptstraße hin, das Haus selbst wurde in die Tiefe gebaut. Die Gestaltung der Giebel, die die Fassade an der Hauptstraße auf repräsentative Weise abschlossen, spielte daher eine wichtige Rolle. Grundform der Giebel war der Staffelgiebel, auch Treppengiebel genannt. Er wurde um 1300 erfunden und wird durch seine zur Mitte treppenartig nach oben steigende Form bestimmt. Er war nicht besonders haltbar und wurde daher häufig zum einfacheren Dreiecksgiebel umgestaltet.

Eine für Lüneburg eher seltene Giebelansicht in der Straße Am Berge Nr. 8. Diese Straße hat sich in den letzten Jahren zu einer hübschen Einkaufsstraße gemausert, mit kleinen Geschäften unter den historischen Giebeln.

Mit wachsendem Wohlstand wurde das Lüneburger Großbürgertum immer erfinderischer in der aufwendigen Ausgestaltung seiner Giebel. Als weitere Schmuckelemente kamen Blendarkaden, spitzbogige Umrahmungen von Portalen und Fenstern sowie verschiedenfarbig glasierte Ziegel hinzu. Viele Giebel sind mit schneckenförmigen Verzierungen eingefasst. Der berühmte „Taustein“ ist eine echte Lüneburger Erfindung aus der zweiten Hälfte des 15. Jahrhunderts, er wurde damals nahezu ausschließlich in Lüneburg verbaut.

Hinter vielen der schmucken Giebel Am Sande verbergen sich keine Räume oder Dachböden. Sie dienten „nur“ als Schmuckfassade.

Der Turm der St. Nicolaikirche hinter einer Giebelfront an der Bardowicker Straße. Hier sind die Giebel nicht nur Fassade, sondern beherbergen Wohnetagen.

Er wurde so gemauert, dass er die Form eines gedrehten Taus darstellte. Der Taustein schmückt zahlreiche Lüneburger Häuser. Mit Beginn der Renaissance Anfang des 16. Jahrhunderts begann man auch in Lüneburg, weniger dem gotischen Stil entsprechend in die Höhe zu bauen als vielmehr die Horizontale aufzuwerten. Der Staffelgiebel wurde nicht mehr verwendet, Terrakotta-Platten, Medaillons und Friese traten an seine Stelle. Diese Dekors betonen mehr die waagerechten Linien der Häuser.

An einigen Bauten kam an markanten Stellen teurer Sandstein zum Einsatz. Ein sehr schönes Beispiel hierfür ist an der Fassade des Heinrich-Heine-Hauses Am Ochsenmarkt zu sehen. Die Giebelverzierungen zeigen aus Sandstein geformte Delfine mit Seepferdchen und Meergeistern.

# Historischer Warenumschlagplatz

## Der Platz Am Sande

Der Platz Am Sande – hier an seinem westlichen Rand – war ehemals tatsächlich sandig. Durch die Lage mitten im Zentrum war dies einst der wichtigste Handelsplatz, an dem auch Waren gelagert wurden.

Der weite **Platz Am Sande** im Zentrum der Stadt ist einer der ältesten Plätze Lüneburgs und gilt zugleich als einer der bedeutendsten mittelalterlichen Plätze Deutschlands. Im Mittelalter kreuzten sich Am Sande die Wege der drei Siedlungskerne, aus denen sich Lüneburg gebildet hat – der Burg, der Saline und dem Dorf Modestorpe an der Ilmenau. Der ungepflasterte, sandige Platz war Lüneburgs wichtigster Warenumschlagplatz. Pferdefuhrwerke und Ochsenkarren wurden hier abgestellt, Waren gestapelt und das dafür fällige Stapelgeld kassiert, es wurde gehandelt und gefeilscht. Damals gab es viele Herbergen Am Sande, denn die reisenden Händler und Handwerker brauchten ein Nachtlager.
Der Platz Am Sande ist stattliche 225 Meter lang und an seiner breitesten Stelle 40 Meter breit. Vielleicht kann der Besucher für einen Moment auszublenden versuchen, dass über den eigentlich

Schnecken-, Treppen- und Staffel- bzw. Dreiecksgiebel nebeneinander: Am Sande findet sich eine besonders ausgeprägte Vielfalt der Lüneburger Giebel. Einige Häuser haben außerdem besonders reizvolle Innenhöfe, so zum Beispiel das Haus Nr. 30/31. Ein Blick in die Höfe lohnt sich.

verkehrsberuhigten Platz Busse rollen dürfen und die üblichen Geschäfte, wie sie heute in jedem Stadtzentrum anzutreffen sind, in die schönen alten Häuser eingezogen sind. Und vielleicht kann er sich dann sogar in das 15. und 16. Jahrhundert zurückversetzen, ist er doch umgeben von den eindrucksvollsten Zeugnissen der Blütezeit Lüneburgs. Der Platz wird von prächtigen Bürgerhäusern mit allen Arten von Lüneburger Giebeln gesäumt. Beim Betrachten der Häuser lässt sich die wechselhafte Baugeschichte Lüneburgs, mit Übergängen von der Gotik zur Renaissance und sich immer weiter entwickelnden Dekorelementen an den Giebeln, gut nachvollziehen. Schmuckgiebel sämtlicher Epochen können hier bestaunt werden: Schnecken-, Treppen- und Dreiecksgiebel.
Das Haus Nr. 50 ist das wahrscheinlich älteste Bürgerhaus Lüneburgs mit einem Hofgiebel, der auf das Jahr 1300 datiert wird.

Am westlichen Sande fällt ein stattliches Giebelgebäude ins Auge: Das Haus aus dem 16. Jahrhundert wird heute von der Industrie- und Handelskammer Lüneburg-Wolfsburg-Stade genutzt.

Begrenzt wird der Platz von zwei bedeutenden Gebäuden: im Osten von der **St. Johanniskirche** (Seite 70), im Westen von der **Industrie- und Handelskammer**, einem ehemaligen Brauhaus. Es wurde 1548 mit einem etwas kleineren Nebengebäude erbaut und ist eines der beeindruckendsten Gebäude Lüneburgs. Es ist mit einem mächtigen Doppelgiebel, einem siebenstufigen Staffelgiebel, geschmückt und fällt durch seine dunkelgrau gefärbten Backsteine auf. Aus Taustein gefertigte Friesen unterteilen die Geschosse, dazwischen fallen die für Lüneburg typischen Schmuckmedaillons ins Auge.

Im Laufe seiner Geschichte diente das Haus als Gastwirtschaft mit Ausspann, als Herberge, Einzelhandelsgeschäft und Staatsbank. Heute hat die Industrie- und Handelskammer Lüneburg-Wolfsburg-Stade hier ihren Sitz.

Die St. Johanniskirche, umgeben von Giebelhäusern, begrenzt den Platz Am Sande in östlicher Richtung. Sie ist Lüneburgs älteste Kirche und zugleich eine der ältesten Taufkirchen Niedersachsens.

# Von der Handwerker- zur Einkaufsstraße

## Die Grapengießerstraße

Die parallel zur Heiligengeiststraße verlaufende **Grapengießerstraße** ist eine verkehrsberuhigte Einkaufsstraße, die mit ihren zahlreichen Geschäften zu einem schönen Bummel einlädt. Hier herrscht lebhaftes Treiben, man kauft ein oder genießt ganz entspannt ein Eis in der Sonne. Heute deutet nur noch der Name der Straße darauf hin, dass hier früher Handwerker lebten. Grapen sind dreifüßige, mittelalterliche Kochtöpfe und wurden seit dem 12. Jahrhundert verwendet. Sie konnten direkt in die Glut des Ofens gestellt oder auch an einem Henkel über das offene Feuer gehängt werden. Die Grapengießer waren Schmiede, die dieses Kochgeschirr herstellten. Aber nicht nur sie lebten in dieser Straße, sondern auch Eisen-, Erz- und Glockengießer, andere Schmiede und Büchsenmacher.

Ursprünglich waren sowohl die Grapengießer- als auch die Heiligengeiststraße wichtige Handels- und Verkehrsverbindungen zwischen den beiden mittelalterlichen Lüneburger Siedlungen Modestorpe an der Ilmenau und der heutigen Altstadt rund um

Giebel in der Grapengießerstraße. Hier waren im Mittelalter Handwerker ansässig. Die Straße ist nach ihnen benannt: Grapengießer waren Schmiede, die Grapen – ein Kochgeschirr – herstellten.

den Kalkberg. Wenngleich die Heiligengeiststraße Zentrum des Bierbrauens war, gab es auch in der Grapengießerstraße Brauereien. **Zum alten Brauhaus** heißt das Gasthaus in der Nr. 11, in der seit über 500 Jahren Bier ausgeschenkt wird. Das wohlschmeckende Brauhausbier wird von einer privaten Brauerei eigens für das Gasthaus gebraut. Das Alter des Hauses zeigt sich in der urgemütlichen, historischen Ausstattung des Restaurants. Heute genießt der Gast hier schmackhafte Spezialitäten der Lüneburger Heide. Ein besonders sehenswertes Haus mit schöner Backsteinfassade ist die Nr. 15, in der heute ein Optiker sein Geschäft hat. Es

Das urige Restaurant „Zum alten Brauhaus“ in der Grapengießerstraße lädt mit seiner stimmungsvollen Atmosphäre zum Besuch ein. Im Mittelalter gab es in Lüneburg 80 Brauhäuser – Bier zählte fast schon zu den Grundnahrungsmitteln. Es war allerdings weitaus dünner und hatte weniger Alkohol als der heutige Gerstensaft. In Lüneburg waren die Bierbrauer fast so hoch angesehen und wohlhabend wie die Sülfmeister der Saline.

wurde urkundlich erstmals 1614 erwähnt. Ein nahezu original erhaltener Gebäudekomplex in typischer Patrizierbauweise steht in der Grapengießerstraße Nr. 45. Er grenzt an drei Straßen und umfasst das Hauptgebäude und einen Flügelbau zur Grapengießerstraße und weitere Flügelbauten und Nebengebäude, die an die Enge Straße und die Heiligengeiststraße grenzen. Sie sind von 1323 bis 1593 entstanden und boten Platz für mehrere Generationen von Patrizierfamilien, zum Beispiel für die Sülfmeisterfamilien Witzendorff und Töbing, die hier mehr als 150 Jahre wohnten. Am östlichen Ende der Grapengießerstraße schließt sich der große Platz Am Sande an. Am westlichen Ausgang befindet man sich gegenüber der Altstadt, einem wahren Kleinod. Beim weiteren Spaziergang dort gibt es Sehenswertes zur Geschichte und Architektur der Salzstadt zu entdecken.

# Spital und Brauereizentrum
## Heiligengeiststraße

Die **Heiligengeiststraße** führt vom Platz Am Sande im Herzen Lüneburgs bis zum Lambertiplatz in der Nähe der ehemaligen Saline. Die Hospitalanlage „Zum Heiligen Geist“ gab der Straße ihren Namen. Sie stammt aus dem 14. Jahrhundert und ist die größte und bedeutendste soziale Einrichtung der Stadt. Von dem ursprünglichen Gebäude übrig geblieben sind die längliche Form des Ziegelbaus, gotische Fensterreste, ein paar Pfeiler und der schlanke Turm der ehemaligen Hospitalkapelle.

Die Hospitalanlage „Zum Heiligen Geist“ in der Heiligengeiststraße. Sie ist eine der größten aus dem Mittelalter erhaltenen Spital- und Armeneinrichtung der Stadt. Noch heute dient sie sozialen Zwecken.

Diese Einrichtung für Kranke wurde wie viele andere in Lüneburg von Beginn an als Stiftung geführt und diente ursprünglich dem Zweck, kranke Pilger und mittellose Reisende aufzunehmen. Im 14. Jahrhundert breitete sich jedoch das Pfründwesen aus, nach dem sich begüterte Bürger in das Hospital einkauften, indem sie ihm ihr Erbe vermachten. 1490 wandte man sich jedoch wieder dem ursprünglichen Zweck des Hospitals zu und öffnete es für Arme. Die Aufnahme der Bewohner unterlag einem strengen Auswahlverfahren, gefragt waren vor allem unverschuldete Bedürftigkeit und ein frommer Lebensstil. Viele Salinenarbeiter fanden im Heiligen-Geist-Stift Aufnahme. Auch heute sind in dem Stift Altenwoh-

**Wo:** Mälzer Brau- und Tafelhaus, Heiligengeiststraße 43, 21335 Lüneburg
**Highlights:** Früh- und Jazzschoppen, sonntags Mälzer-Brunch, währenddessen Kinder-Kino im Gewölbekeller
**Infos:** Tel. 04131/47777, www.maelzer-brauhaus.de

nungen untergebracht, des Weiteren das Seniorenservicebüro und eine angeschlossene Grundschule. Die Heiligengeiststraße ist heute eine schöne Fußgängerzone mit ausgesuchten Geschäften, charakteristischen Lüneburger Giebeln und abwechslungsreichen Lokalen. Im Vergleich zur parallel verlaufenden Grapengießerstraße ist sie die stillere, aber auch edlere der beiden. Vor 600 Jahren war sie mit rund 80 Brauereien Mittelpunkt der Lüneburger Braukunst. Zwei von ihnen stehen heute noch beziehungsweise wurden wiederbelebt. Am östlichen Anfang der Heiligengeiststraße beherbergt das Haus Nr. 43 seit 1997 das **Mälzer Brau- & Tafelhaus**. Seit 1540 wurde in dem Haus Bier gebraut, zweihundert Jahre später betrieb die Familie Crato in dem Gebäude eine Weinhandlung. Die mittelalterliche Architektur des Hauses bildet eine besondere Kulisse für das heute darin befindliche Lokal. Der Hauptraum mit großem, blank poliertem Braukessel und altem Tresen im Apothekenstil dominiert das

Das Brauhaus Mälzer in einem Haus mit fast 500 Jahren Brautradition. Es liegt am Eingang der Heiligengeiststraße, in der ehemals 80 Brauereien zu finden waren. Das „Mälzer“ ist beliebter Kneipentreffpunkt der Lüneburger.

Erdgeschoss. Über eine Treppe gelangt man auf die umlaufende Galerie und in weitere Räume, teils mit historischer Ausstattung. Kleinere Separées grenzen an den Hauptraum, ebenso eine enge Wendeltreppe, die in den Gewölbekeller führt. Er wird nur mit Kerzen beleuchtet – eine ausgesprochen urige Räumlichkeit für Feiern. Noch vor Jahrzehnten befand sich hier der „Crato-Keller“, eine legendäre Tanzbar. Gebraut und ausgeschenkt wird im „Mälzer“, wie die Einheimischen sagen, helles und dunkles Bier mit süffiger Note.

# Hansische Baukunst
## Das Brömsehaus

In der Straße Am Berge 35 steht eines der ältesten und am besten erhaltenen Patrizierhäuser Lüneburgs, das **Brömsehaus**. Die Sülfmeisterfamilie Brömse erbaute es zwischen 1406 und 1426 in direkter Nähe zum Kloster Heiligenthal, das 1382 von seinem westlich von Lüneburg gelegenen Standort in die Stadt verlegt wurde. Ein Stück Kirchenmauer, das für den Bau des Brömsehauses genutzt wurde, hat den Umzug überstanden und ist heute noch immer vorhanden.
Das Gebäude ist mit einem benachbarten Haus verbunden, weshalb sich der Giebel zur Straßenseite asymmetrisch als Schräggiebel zeigt. An der Hausfront über dem gotischen Türbogen zur Conventstraße befinden sich die Wappen der Hansestädte Riga, Lübeck, Lüneburg, Danzig und das der Familie Brömse. Ein Innenhof an der Conventstraße ist über die Jahrhunderte nahezu unverändert geblieben. Er ist mit einem reich geschmückten, mit Tausteinen gestalteten Dreistaffelgiebel ausgestattet. Die höchste Staffel umschließt einen Schornstein, über welchen der Rauch aus Küche und Keller abgeleitet wurde.
Das Innere des Hauses wird von der großen Diele beherrscht. Fünf Meter hoch und 18 Meter breit, vermittelt sie die Imposanz der früheren Wohnkultur. Stilelemente aus Gotik, Barock und Renaissance sind zu entdecken, etwa in den Ziegelplatten des Fußbodens oder in den aufwendig gestalteten, prachtvollen Malereien an der Balkendecke. Die Stuckdecke

**Wo:** Das Deutsch-Baltische Kulturwerk – Brömsehaus, Am Berge 35, 21335 Lüneburg
**Infos:** Tel. 04131/36788
**Highlight:** Stadtführung „Auf den Spuren der Hanse". An der Seite einer edlen Bürgerin im Renaissancekostüm erkunden Sie die Stadt und werfen einen Blick hinter die Mauern des Brömsehauses.
Infos und Buchung bei der Lüneburg Marketing GmbH, Tel. 0800/2205005, www.lueneburg.info

Das Brömsehaus ist eines der ältesten Patrizierhäuser Lüneburgs. Es wurde zu Beginn des 15. Jahrhunderts erbaut und zeigt in seinem Innern Eindrücke gehobener Wohnkultur aus jener Zeit. Es kann im Rahmen einer Führung besichtigt werden.

eines Raumes im Erdgeschoss stammt aus dem Jahr 1637, sie zeigt figürliche Abbildungen biblischer Szenen. Von der Diele führt eine reich verzierte Barocktreppe ins obere Geschoss, wo sich früher die Räume für die Bediensteten befanden. Ebenfalls aus der Zeit des Barock und der Renaissance stammen die Fenster. Elemente wie zum Beispiel eine Katzenpfote an der Tür zum Flügelbau oder Fratzen am hinteren Dielenfenster weisen auf abergläubische Bräuche jener Zeit hin, mit denen Böses vom Haus ferngehalten werden sollte.

In einem Anbau an der Conventstraße befand sich der frühere Festsaal des Hauses. Heute steht dort ein Neubau, der von dem Nord-Ost-Institut genutzt wird. Gemeinsam mit der jetzigen Eigentümerin des Brömsehauses, der Deutsch-Baltischen Kulturstiftung, veranstaltet das Institut in dem Haus öffentliche Vorträge, Konzerte und Seminare.

# Wohnen in mittelalterlichen Gottesbuden

## Der Rote Hahn

Wer die Rosenstraße in Richtung Hafen geht, findet davon abzweigend in der Rotehahnstraße 14 bis 19 einen besonderen Lüneburger Winkel. Der von Giebelhäusern des späten 16. Jahrhunderts überbaute Eingang führt in einen verwunschen wirkenden Innenhof, den **Roten Hahn**.

Das Haus Nr. 14 gehörte dem Bürger Hermann Barum, der ihm den Namen „tom roden Hane" gab. Das Haus wurde bereits 1478 erwähnt. Dahinter verbirgt sich der letzte Armenhof der Stadt. Der bepflanzte, malerische Hof ist umgeben von kleinen Häusern, sogenannten Buden. Bögen aus Tausteinen zieren die Eingänge zu den einfachen Wohnungen.

Derartige Hausensembles wurden vermehrt im Mittelalter errichtet und als Armenstiftung geführt. Sie unterschieden sich von den großen städtischen Spitälern insofern, als sie von einflussreichen Privatpersonen gegründet wurden. Die Stifter versprachen sich Gottes Lohn für die Schaffung dieser Wohnstätten, in denen Arme unentgeltlich wohnen durften – sie mussten nur für den Stifter beten. Die Gottesbuden waren für mittellose Frauen, arbeitsunfähige alte Knechte und Mägde und andere Bedürftige vorgesehen. Mitunter erhielten sie auch finanzielle Unterstützung für ihren Lebensunterhalt. Stifter waren einzelne Bürger, Familien, Bruderschaften oder Gilden. Wenn auch den Stiftern das eigene Seelenheil am Herzen lag, so betrieben sie durch diese Armenhäuser doch zugleich eine frühe Form von Sozialfürsorge.

**Wo:** Der Rote Hahn, Rotehahnstraße 14–19, 21335 Lüneburg

Das Stift „Roter Hahn", eine weitere Lüneburger Sozialeinrichtung des Mittelalters. In den Wohnungen, die sich um den malerischen Innenhof gruppieren, wohnten damals wie heute Bedürftige. Der Innenhof ist zugänglich und kann auf eigene Faust zurückhaltend besichtigt werden.

Um 1500 gab es circa elf dieser Stiftungen. Der „Rote Hahn" konnte 20 Bewohner aufnehmen. Er ist von seiner Größe und Ausstattung her wesentlich bescheidener gehalten als andere große Stadtspitäler. Zu den Wohnungen gehörte jeweils eine Diele mit Schlafecke, eine Küche und eine kleine circa fünf Quadratmeter große Stube. Sinn und Zweck der mittelalterlichen Wohnanlage hat sich bis in die Gegenwart erhalten: Noch heute wohnen dort Bedürftige.

# Einkehren und Genießen

## Von der Schröderstraße bis zum Stintmarkt

Wer in Lüneburg zum Essen oder auch nur auf ein Glas Wein ausgehen möchte, hat es angesichts einer großen Auswahl gar nicht so leicht. Gemütliche Cafés, urige Kneipen, trendige Bars und Restaurants von rustikal bis edel sind in so reicher Anzahl vertreten, dass sich das städtische Ordnungsamt vor Jahren einmal die Mühe gemacht hat, die Kneipendichte pro Einwohner zu berechnen. Heraus kam bei diesem Rechenexempel, dass auf 233 Einwohner je eine Kneipe käme und Lüneburg damit nach Madrid die zweithöchste Kneipendichte Europas besäße. Die reiche Kneipenszene mag zum einen an den über 7000 Studierenden der Stadt liegen, die in der Hansestadt auf ihren Bachelor oder Master hinarbeiten und auch mal Tapetenwechsel brauchen. Doch auch die anderen Lüneburger gehen gerne und viel aus.

Das Hotel und Restaurant „Zum Heidkrug". In dem über 500 Jahre alten Haus schwingt Sterne-Koch Michael Röhm seit dem Jahr 2000 den Kochlöffel. Eine Tischreservierung ist empfehlenswert (Adresse siehe Serviceadressen im Anhang S. 156).

In jedem Fall kommen alle Geschmäcker auf ihre Kosten: Von der leckeren regionalen Küche, oftmals in historischem Ambiente angeboten, über gutes Kneipen-

**Wo:** Schröderstraße, zwischen dem Rathaus und dem Schrangenplatz und auch in den abzweigenden Seitenstraßen. Am Stintmarkt im Wasserviertel, zwischen dem Bahnhof und dem Rathaus gelegen.
**Infos:** Lüneburg Marketing GmbH, Tel. 0800/22205005, www.lueneburg.info

Die Schröderstraße, beliebte Einkaufs- und Kneipenstraße. Im Gegensatz zum Stintmarkt, wo schon vor Jahrhunderten Gasthäuser zu finden waren, hat sich die Schröderstraße erst in den 1990er-Jahren zur Kneipenmeile gemausert. Sie ist ein schöner Ort zum Verschnaufen, an lauen Sommertagen und -abenden oder beim Open Air-Public-Viewing.

essen bis hin zum Ein-Sterne-Koch, der im **Heidkrug** die Fahnen qualitätsbewussten Kochens und Genießens hochhält, kann man in der alten Salzstadt eine große kulinarische Vielfalt entdecken. Auch frühere Exoten wie thailändische oder indische Restaurants fehlen nicht. Kleine, feine Weinstuben, italienische Trattorien und spanische Bodegas mischen sich unter die Lokale. Wer im Sommer einen Platz draußen ergattert, kann einen ganzen Nachmittag oder Abend lang dem bunten Treiben in den Fußgängerzonen zuschauen, ohne sich zu langweilen.

Eine beliebte Kneipenmeile befindet sich in der **Schröderstraße**, in der es sich nicht nur einkehren, sondern auch gut einkaufen lässt. Die andere Kneipenszene ist am **Stintmarkt** vertreten, dem historischen Hafen. An warmen Sommerabenden kann man sich dort schon einmal wie im Süden fühlen.

# Salzprahm und Ewer
## Spaziergang durch den Alten Hafen

Das **Wasserviertel** ist einer der reizvollsten Lüneburger Stadtteile. Das Viertel war im Mittelalter vom Leben an der Ilmenau und dem Hafen geprägt. Hier lebten die Schiffer und Salzböttcher, die das Monopol für die Herstellung der Salztonnen besaßen, in denen das kostbare Gut, das Lüneburg so reich machte, in alle Welt transportiert wurde.
Beginnen Sie Ihren Rundgang am Marktplatz. Das Rathaus im Rücken, biegen Sie am Ende des Marktplatzes nach links in die Bardowicker Straße ab. Nach wenigen Schritten folgen Sie rechts der Lüner Straße. Nur noch wenige Meter, dann stehen Sie vor der **St. Nicolaikirche** mit ihrem 98 Meter hoch aufragenden Turm. Sie ist die jüngste und kleinste der drei großen Lüneburger Stadtkirchen und war die Kirche der Schiffer.

Die St. Nicolaikirche im historischen Wasserviertel.

**Wo:** Das Wasserviertel liegt wenige Gehminuten vom Bahnhof und auch vom Rathaus entfernt.
**Highlights:** Erlebnisführungen durch das Wasserviertel, z. B. „Durch die Nacht mit Claas und Fischers Trine". Die St. Nicolaikirche und ihre Konzerte. Der Stintmarkt als Musik- und Festbühne, z. B. während des Stadtfestes.
**Infos:** Lüneburg Marketing GmbH, Tel. 0800/2205005, www.lueneburg.info
**Anfahrt:** Parken ist im Wasserviertel schwierig, am besten lässt man das Auto auf einem der öffentlichen Parkplätze stehen und geht zu Fuß.

St. Nicolai wurde bereits in der ersten Hälfte des 15. Jahrhunderts gebaut, danach jedoch immer wieder erweitert und restauriert. Ihr heutiges Erscheinungsbild verdankt sich daher eher den Restaurierungsarbeiten aus dem 19. Jahrhundert. In jedem Fall lohnt ein Blick in die Kirche. Ab S. 74 wird sie näher beschrieben. Wenn Sie die Kirche wieder verlassen, gehen Sie rechts um die Kirche herum und ab dort geradeaus bis zum Hafen. Auf Ihrem Weg passieren Sie das Pfarrhaus, das traditionsreiche Hotel Bremer Hof und einige hübsche kleine Läden.

Es gibt viele bedeutende historische Stätten in Lüneburg, vor denen der Besucher staunend verweilt. Der **Alte Hafen** an der Ilmenau ist mehr, er ist ein Herzstück der Stadt. Hier scheint auf besonders reizvolle, charmante Weise die Zeit stehen geblieben zu sein, und dennoch ist die historische Idylle alles andere als bloße Kulisse. Man stößt hier auf Gebäude mit besonderer Bedeutung und Vergangenheit, zugleich verbergen sich hinter den historischen Fassaden zahlreiche Lokale, deren Terrassen bis auf die Ilmenau hinausragen. An warmen Sommerabenden geht es Am Stintmarkt, wie die Straße an der westlichen Seite des Hafens heißt, zu wie in einem Bienenstock. In dem geradezu mediterranen Ambiente dieser berühmten Lüneburger Kneipenmeile herrscht aber nie Hektik oder auch nur Geschäftigkeit. Im Gegenteil: Der Blick aufs Wasser und die historischen Giebel wirken geradezu entschleunigend.

Das „Pons“, eine der vielen Kneipen am Stintmarkt. Hier befand sich einst die älteste Gaststätte Lüneburgs.

Die Kneipenmeile am Stintmarkt, vom gegenüberliegenden Ufer der Ilmenau aus betrachtet. Die beiden Schiffe im Vordergrund zeigen Nachbauten historischer Salztransportschiffe, den „Salzprahm“ und den „Ewer“. Sie wurden im Rahmen eines sozialen Projekts von Langzeitarbeitslosen gebaut.

Das Haus gleich vorn an der Ecke, das heute die einfach eingerichtete Studentenkneipe „Pons“ beherbergt, hat schon viele Kneipengenerationen erlebt: Es ist das älteste Wirtshaus der Stadt und seit vier Generationen im Besitz der Familie Luhmann. Bierbrauer, Mälzer, Kaufleute und Juristen gehörten zu der Familie, außerdem einer der berühmtesten deutschen Soziologen des 20. Jahrhunderts, Niklas Luhmann. Gegenüber in der Nr. 7 fällt ein besonders schönes Bürgerhaus mit geschweiftem, stattlichem Giebel ins Auge. Wie die meisten der Lüneburger Patrizierhäuser hat der Giebel eine Luke mit einem Kran. Lasten, die auf dem Speicher gelagert werden sollten, konnten auf diese Weise unter das Dach befördert werden. Neben dem Pons liegt der Viskulenhof, eine historische Wohnanlage, die in Kürze restauriert und mit neuen Wohnungen und

Gewerbeflächen hergerichtet werden soll. Der Viskulenhof gehörte dem Patriziergeschlecht „Viscule", das seit 1291 am Hafen heimisch war. Der Name rührt angeblich von der „Fischkuhle" her, einer Vertiefung in der Ilmenau, in der sich die Stinte zum Laichen sammelten. Der Viskulenhof war im Mittelalter ein großes, aus mehreren Häusern, Gängen und Höfen bestehendes Ensemble, in dem Beamte wie Arbeiter lebten. Der Roman „Der Sülfmeister" von Julius Wolff beschreibt anschaulich das geschäftige Treiben und Leben in diesem Milieu. Im Jahr 1485 ging der Hof in Konkurs, das Patriziergeschlecht starb 1552 aus. Die Gebäude verfielen zunehmend, und mehrere Brände taten ihr Übriges. Der Gebäudekomplex soll jedoch saniert werden, ein Bauträger will 2014 mit den Arbeiten beginnen.

Ein großer Wehmutstropfen in der Straße Am Stintmarkt ist die kahle Lücke, die sich in der Mitte der Straße auftut: Durch einen Brand im Dezember 2013 wurde das

Blick auf die Barockfassade des Alten Kaufhauses, in dem sich heute ein Hotel befindet.

über 400 Jahre alte Lösecke-Haus zerstört und musste abgerissen werden. Es soll möglichst originalgetreu wiederaufgebaut werden.

In der Ilmenau ankern zwei historische Schiffe, ein Salzprahm und ein Ewer. Die Kähne wurden innerhalb eines Bildungsprojekts der SalzWerkStadt von Langzeitarbeitslosen nach historischem Vorbild gebaut. Die SalzWerkStadt setzt sich aus kulturellen und sozialen Institutionen

Blick von der Brausebrücke Richtung Stintmarkt. Im Vordergrund rechts die Lüner Mühle aus dem Jahr 1391. Die historischen Mauern bergen heute Hotelzimmer. Das weiße Fachwerkhaus auf der linken Seite existiert nicht mehr. Durch Brandstiftung wurde das über 400 Jahre alte Lösecke-Haus zerstört und musste abgerissen werden.

Lüneburgs zusammen. Darunter fallen der Arbeitskreis Lüneburger Altstadt, die job.sozial, die Volkshochschule Region Lüneburg, die ARGE und das Deutsche Salzmuseum. Der im Jahr 2009 erbaute Ewer wurde auf den Namen „De Sulte“ getauft, der auf den Lüneburger Bürgermeister Hinrik Lange zurückzuführen ist, der einmal sagte: „De Sulte dat ist Luneborch“ (Die Saline, das ist Lüneburg). Im Jahr 2011 entstand dann der Salzprahm, der den Namen „Solten Deern“ erhielt – „Salziges Mädchen“. Die Schiffe erinnern an die besondere Bedeutung dieses Ortes. Am Alten Hafen wurde früher das Salz auf solche Salzfrachtkähne verladen und über die Ilmenau bis nach Lübeck und von dort über die Ostsee verschifft. Dem Stint, einem kleinen, lachsartigen Fisch, der zum Laichen bis in die Ilmenau schwamm, verdankt der Straßenzug seinen Namen. Hier wurden Stinte

Der Alte Kran aus dem 14. Jahrhundert wurde zum Verladen von Salz und anderen Gütern genutzt. Die letzte Last wurde 1840 an Land gehoben: eine Lokomotive für die Braunschweig-Vienenburger Bahn, die zuvor über den Wasserweg von England bis nach Lüneburg gekommen war.

gefangen und, zusammen mit von der Ostsee mitgebrachtem Hering, im „Heringshus" verkauft. Das Heringshus aus dem 15. Jahrhundert, auch als „Altes Kaufhaus" bekannt, ist auf der linken Seite hinter der Brücke zu finden. Die Barockfassade von 1745 blieb erhalten, der Rest des Gebäudes fiel 1959 einer Brandstiftung des berüchtigten Feuerteufels Herbert Rademacher zum Opfer. Heute befindet sich ein Hotel in dem langgestreckten Gebäude.

Gegenüber dem Alten Kaufhaus steht das heimliche Wahrzeichen Lüneburgs: der **Alte Kran**. Er wurde erstmalig im Jahr 1346 erwähnt und danach mehrfach umgebaut. Sein heutiges Aussehen geht auf das Jahr 1797 zurück. Mithilfe des Krans wurden seit dem Mittelalter das Salz und andere Waren auf Schiffe oder an Land gehievt.

Die ehemalige Abtsmühle. Heute sind hier Suiten des Hotels Bergström untergebracht.

Der Kran ist echte mittelalterliche Ingenieurskunst. In seinem Inneren befinden sich zwei hölzerne Treträder, in diesen Hamsterrädern hatten Menschen – in der Regel Sträflinge – mit purer Körperkraft die Hebevorrichtung des Krans in Gang zu setzen. Im Rahmen einer Stadtführung kann das Innere des Krans besichtigt werden – ein Erlebnis, das man sich nicht entgehen lassen sollte.

Wenn Sie die Straße rechts hinter dem Kran weitergehen, stoßen Sie rechter Hand auf die alte Lüner Mühle. Sie stammt aus dem Jahr 1391 und gehörte ursprünglich zum Kloster Lüne. Bauern, die für das Kloster arbeiten mussten, mahlten hier ihr Korn, das über heute noch vorhandene Aufzugsluken in die Mühle transportiert wurde. Bis 1970 wurde hier Futtermehl gemahlen, seit den 1990er-Jahren gehört das Haus zum Hotel Bergström, auf das Sie nun direkt zusteuern. Es ist ein harmonisches Ensemble, direkt an der Brausebrücke und der Abtswasserkunst mit Abtsmühle gelegen, mit eleganten Suiten für die Gäste. Aus den oberen Stockwerken hat man einen unvergleichlichen Blick über Fluss und Stadt. Das Hotel ist vielen Fernsehzuschauern auch als das „Hotel Drei Könige“ aus der ARD-Telenovela „Rote Rosen“ bekannt: Seit 2006 ist es einer der Schauplätze der beliebten Sendung, die in den romantischsten Ecken der alten Salzstadt spielt.

Die **Abtswasserkunst** wurde 1530 von Brauern errichtet, die sich gegenüber den Benediktinern des Michaelisklosters verpflichtet hatten, diese mit Wasser zu versor-

Blick vom Wasserturm auf die Ratswassermühle und die Ilmenau am Rande des Wasserviertels. Zwischen 1568 und 1572 wurde in diesem Bereich des Mühlengeländes der Turm der Ratswasserkunst errichtet, um die Stadt mit Trinkwasser zu versorgen. Das Wasser der Ilmenau wurde bis in das oberste Stockwerk des Turms gepumpt und von dort über Rohre zu verschiedenen Brunnen geleitet.

gen. Auch öffentliche Brunnen und Privathäuser wurden mit dem Wasser gespeist. Spazieren Sie unter dem Turm der Abtsmühle hindurch, so finden Sie rechter Hand in dem historischen Gebäude eine italienische Bar, das „Mama Rosa“. Neben einem kleinen Mittagstisch, Antipasti und Cappuccino gibt es hier die besten Sonnenplätze auf der Terrasse, verhältnismäßig windgeschützt in kühler Jahreszeit.

**Wo:** Mama Rosa, Bei der Abtsmühle 1, 21335 Lüneburg
**Infos:** Tel. 04131/308307, www.mamarosa-lueneburg.de, Hotels siehe Adressen-Anhang
**Highlights:** An einem warmen Sommerabend direkt am Stintmarkt ein Glas Wein/Bier/Saft und die Atmosphäre genießen.

# Schiefe Häuser, krumme Mauern

## Das Senkungsgebiet

Lüneburg ist geprägt vom Salzabbau. Dies zeigt sich nicht nur an der Architektur der prächtigen Häuser, mit der die Bürger im Mittelalter ihren Reichtum zum Ausdruck brachten. Die Salzgewinnung hat auch ihre Schattenseite. Unter der Innenstadt, in etwa 40 bis 70 Meter Tiefe, liegt ein circa 1,2 Quadratkilometer großer Salzstock, der bis heute zu Absenkungen von Gebäuden führt. Der Abbau des Salzes wurde im Mittelalter im großen Umfang betrieben, Tausende Tonnen wurden hier Jahr für Jahr gefördert. Der Boden wurde ausgehöhlt, eindringendes Regenwasser und natürliche Gipseinlagerungen taten ein Übriges. Der ausgelaugte Untergrund gab immer wieder nach, bis heute sacken ganze Häuser ab. Circa 180 Häuser und 600 Wohnungen sind zwischen 1949 und 1980 durch die Senkungen zerstört worden. Für die ehemaligen Bewohner ist dies auch deshalb besonders tragisch, da die Altstadt den Zweiten Weltkrieg unbeschadet überstanden hatte.

Ein Stück Lüneburger Vergangenheit. Die Häuser auf dem Foto sind Geschichte, sie wurden aufgrund von Senkungsschäden Anfang der 1960er-Jahre abgerissen.

Die Zerstörung kam aus dem Lüneburger Untergrund.
Seit Ende des Krieges lässt die Stadtverwaltung ein circa 1,8 Quadratkilometer großes Gebiet mit bis zu 300 Messpunkten beobachten, um Senkungen zu überwachen und zu dokumentieren. Das **Senkungsgebiet** reicht von der Rückseite des Rathauses bis über die Westliche Altstadt hinaus, im Norden bis zur Schomakerstraße, wenige Hundert Meter vom Rathaus entfernt, und im Süden bis zum Deutschen Salzmuseum auf dem Gelände der ehemaligen Saline.

Senkungsbedingte Erdverwerfungen im der Frommestraße. Am rechten Bildrand ist der Bauzaun zu sehen, hinter dem noch bis vor wenigen Jahren Senkungshäuser standen.

Bei den Kontrollen haben sich keine Bereiche eingrenzen lassen, an denen die Senkungen besonders häufig passieren. In den 1970er-Jahren waren es vor allem Häuser und Mauern in der Altstadt, die absackten oder umstürzten. Hauskeller sackten direkt in das Grundwasser. Zu Beginn des neuen Jahrtausends mussten Einfamilienhäuser am Ochtmisser Kirchsteig statisch gesichert und vor dem Verfall bewahrt werden. Jüngstes Beispiel ist die Frommestraße am Rande des Parks Liebesgrund in der Nähe des Rathauses. Die Senkungen fielen hier seit 2009 derartig stark aus – sie lagen 2011 bei 13 Zentimetern, ein Jahr später bei bis zu 19 Zentimetern pro Jahr –, dass zwei denkmalgeschützte Häuser abgerissen werden mussten.

Das „Schwangere Haus“ in der Waagestraße: Durch zu stark gebrannten Gips entstanden Auswölbungen am Gebäude. Der Gips nahm Feuchtigkeit auf und dehnte sich aus.

Vor der nun brachliegenden Fläche wirkt ein Denkmal, das sogenannte Tor der Unterwelt, geradezu verloren. Es wurde bei den Abrissarbeiten beschädigt und ist in einem beklagenswerten Zustand. Dieses Gartentor wurde 1898 errichtet und bewegte sich seitdem um nahezu zwei Meter in die Tiefe. Die Pfeiler neigten sich gegeneinander, die Torflügel waren übereinander geschoben.

Das Salz hat die Eigenschaft, durch die Erdschichten auch nach oben zu steigen, und Gipsanteile im Untergrund quellen auf, wodurch sich der Boden nicht nur nach unten, sondern auch nach oben bewegt. In der inzwischen gesperrten Frommestraße sind auf der Fahrbahn sowohl tiefe Absenkungen als auch Hochwölbungen und große Risse zu beobachten. Die Kindertagesstätte Stadtmitte an der Egersdorffstraße wurde bereits vor vielen

Blick in die Straße Auf dem Meere in der Westlichen Altstadt. Sie ist Teil des Senkungsgebiets, ebenso die im Hintergrund aufragende St. Michaeliskirche.

Jahren auf einer Betondecke erbaut, die Erdfälle bis zu drei Meter Durchmesser aushält. In die Erde unter der Kita ist ein Plastiknetz eingegraben, das die Kinder und Mitarbeiter schützen soll. Noch vor Jahrzehnten waren viele Häuser in der Westlichen Altstadt nicht mehr zu retten. Seitdem bewegt sich der Boden an vielen Stellen jedoch nur noch millimeterweise. Die Lüneburger nehmen das Leben unter diesen Umständen gelassen hin – notgedrungen. Schiefe Fußböden, Sonderanfertigungen für Möbel, schief stehende Teller, aus denen schon mal die Suppe überläuft – mit solchen und ähnlichen Besonderheiten des Lebens müssen sich die Bewohner in einem Senkungshaus arrangieren.

# Vom Verfall zum Vorzeigeviertel

## Spaziergang rund um die Michaeliskirche

Die **Westliche Altstadt** stellt einen zentralen Bereich der Lüneburger Geschichte und Architektur dar. Sie befindet sich zwischen dem Kalkberg, dem Graalwall, der früheren Saline und dem Rathaus. Wer durch diesen Stadtteil spaziert, mag nicht glauben, dass er noch in den 1970er-Jahren abgerissen werden sollte. Zu kostspielig erschien die notwendige Sanierung der alten, schiefen Häuser, zu wenig wusste man damals dieses Kleinod historisch wertvoller Architektur und Bausubstanz zu schätzen. Bereits in den 1950er-Jahren waren alte Häuser abgerissen worden. Dass es nicht noch schlimmer kam, ist dem Verein „Arbeitsgemeinschaft Lüneburger Altstadt e. V." (ALA) zu verdanken, der 1974 gegründet wurde und dessen Ziel es ist, das historische Stadtbild zu bewahren. Mit ihrem ebenso beharrlich-streitbaren wie fachkundigen Vorsitzenden Curt Pomp an der Spitze erarbeitete der Verein ein Sanierungskonzept, nach dem die alten Häuser so originalgetreu wie möglich restauriert und wieder bewohnbar gemacht wurden. Der Verein ist bis heute aktiv, die Sanierungen gelten bundesweit als vorbildlich.

Edle Patrizierhäuser findet man in diesem Viertel nicht, hier lebten im 15. und 16. Jahrhundert Handwerker, Salinenarbeiter und einfache Spediteure. Damals wurden überwiegend vergleichsweise einfache Traufenhäuser gebaut, die mit der Längsseite zur Straße stehen. Viele der Häuser haben Windeluken, über die Lasten in die oben gelegenen Räume und Speicher gezogen werden konnten. Auch einige kleinere Fachwerk- und Giebelhäuser säumen die schmalen Straßen. Das wohlhabendere Kleinbürgertum, das sich hier Wohnraum schuf, versuchte mitunter, mit Stilelementen wie Schnitzereien, Friesen oder Glasuren den Stil des reichen Bürgertums zu imitieren. Viele der Häuser besitzen sogenannte Utluchten – Ausgucke in Form von Erkern, die ab dem 17. Jahrhundert an die Vorderfront der Häuser gebaut wurden. Sie ließen Licht in die bis dahin eher dunklen Dielen fallen.

Die malerische Westliche Altstadt war das Viertel der Handwerker und des kleineren Bürgertums. Entsprechend bescheidener sind die Häuser hier gebaut, jedoch nicht minder faszinierend. Dank des Engagements des Arbeitskreises Lüneburger Altstadt, der sich in den 1970er-Jahren gründete, konnte eine Vielzahl der Häuser vor dem Verfall oder Abriss gerettet und saniert werden.

Rosenberankt und mit farbig bemalten Türen und Portalen sind die Häuser eine Augenweide beim Spaziergang.

Mit Blick auf die Altstadt lassen sich hier die durch den Salzabbau entstandenen Senkungen der Stadt besonders gut beobachten. Ein geeigneter Standort ist die Abbruchkante an der Grapengießerstraße, Ecke Neue Sülze. Blickt man von dort Richtung Westen, tut sich eine Art Talsenke auf, der Lambertiplatz. Hier stand noch bis 1861 die St. Lambertikirche, bevor auch sie ein Opfer des bewegten Lüneburger Untergrunds wurde. Hinter der einfachen Rasenfläche, die dort anstelle der Kirche zu sehen ist, beginnt die Westliche Altstadt.

Starten Sie Ihren Rundgang durch die Altstadt etwas weiter Richtung Norden, an der Rückseite des Rathauses, an der Ecke zur Waagestraße. Wenn Sie den Blick nach

Haus mit Treppengiebel, Auf dem Meere.

links wenden und die gegenüberliegenden Häuser entlang des Straßenzugs Neue Sülze betrachten, so fällt beim vergleichenden Betrachten der ersten beiden Häuser auf, dass hier die Abbruchkante des Senkungsgebiets verläuft. Das erste Haus, in dem sich ein Büro befindet, ist ein Neubau. Das zweite Haus dahinter ist älteren Datums und weist eine schräge Vorderfront auf, die im deutlichen Gegensatz zu der geraden Front des ersten Hauses steht.

Vor Ihnen liegt der Marienplatz, den Sie überqueren, bevor Sie geradewegs in die Straße **Auf dem Meere** hineingehen. Wenn Sie nach ein paar Metern stehen bleiben und das stattliche cremefarbene Haus Nr. 9 auf der gegenüberliegenden Seite betrachten, so werden Ihnen auch hier die gebogenen Simse und schief stehenden Fenster auffallen. Der spätbarocke Bau bestand ursprünglich aus drei Häusern, die später zu einer Einheit zusammengefügt wurden. Die beiden äußeren Gebäudeteile besitzen im Gegensatz zum mittleren Teil keinen Keller und sackten daher stärker ab.

In dieser Straße verdienen einige Häuser besondere Beachtung, zum Beispiel das Traufenhaus Nr. 21 aus dem Jahr 1523 mit zweigeschossiger Utlucht und einer bis zur Decke reichenden Diele. Mitte des 16. Jahrhunderts bewohnte der Lüneburger Maler Peter up dem Borne das Haus.

Prächtiges Altstadthaus, Auf dem Meere. Dieser Straßenname leitet sich wahrscheinlich von einem Erdrutsch ab, der sich im 11. Jahrhundert in der heutigen Altstadt ereignete: In der entstandenen Mulde sammelte sich bei starken Regenfällen das Wasser.

Verhältnismäßig schnörkellos gebautes Altstadthaus mit bei Lüneburger Bauten eher selten vorkommendem Fachwerk

Er fertigte die Deckenmalerei der Diele an. Öffentlich zugängliche Malereien des Künstlers sind im Rathaus zu sehen. An Haus Nr. 36 fällt das hohe Dielengeschoss mit Utlucht und dem siebenteiligen Giebel aus dem 16. Jahrhundert ins Auge.

Immer weitergehend kommen Sie zur mächtig aufragenden **St. Michaeliskirche** am Johann-Sebastian-Bach-Platz. Ihr Bau geht auf die Gründung eines Benediktinerklosters auf dem nahegelegenen Kalkberg im Jahr 956 zurück. Als die herzogliche Burg auf dem Kalkberg zerstört wurde und auch das Kloster nicht mehr gehalten werden konnte, errichtete man ab 1376 die Kirche neu am Fuße des Bergs. Mehr über die St. Michaeliskirche lesen Sie ab Seite 66.

Gehen Sie in der Görgesstraße an der Kirche vorbei, bis Sie zum Schlöbckeweg am **Kalkberg** kommen. Mit der Gründung einer Siedlung mit dem schönen Namen „Hliuni" – was so viel bedeutet wie „Zufluchtsort" – war eine Keimzelle der Stadt beim Kalkberg geschaffen. Unter ihm befindet sich das Zentrum des Salzstocks, der im Jahr 956 erstmals urkundlich erwähnt wird. An der linken Seite windet sich ein Fußweg auf den heute nur noch knapp 60 Meter hohen Kalkberg – zur damaligen Zeit war er dreimal so hoch und siebenmal so breit, wie Quellen berichten! Oben angelangt, haben Sie – vor allem in der eher kahlen Jahreszeit – mit den drei mittelalterlichen Stadtkirchen, die aus dem Gesamtbild herausragen, eine schöne Aussicht über die Stadt. Die auf dem Pla-

Fassade eines restaurierten Hauses in der Oberen Ohlingerstraße in der Westlichen Altstadt. An vielen Lüneburger Häusern befindet sich noch eine Winde, mit der früher Waren und Rohstoffe auf die Dachböden der Häuser befördert wurden.

teau stehende Kanone erinnert an die Böllerschüsse, die abgegeben wurden, sobald ein Gefangener der nahegelegenen Strafanstalt zu fliehen versuchte. Die Sträflinge wurden zum Abbau des Gipses eingesetzt, der sich im Berg befand und als Mauerkalk verkauft wurde. Der Steinbruch wurde 1921 stillgelegt und 1932 zum Naturschutzgebiet und -denkmal erklärt. Seltene Tier- und Pflanzenarten sind hier beheimatet.
Wenn Sie vom Berg herabgestiegen sind, kehren Sie durch die Görgesstraße wieder zurück bis zum Johann-Sebastian-Bach-Platz. Dort halten Sie sich rechts und gehen nun die Straße **Auf der Altstadt** entlang. Hier finden Sie das kleinste Staffelgiebelhaus Lüneburgs (Nr. 30). Es stammt aus der zweiten Hälfte des 16. Jahrhunderts und besitzt ein schönes gotisches Portal. Auf der Ecke zur Oberen Ohlingerstraße, die nach ein paar Gehminuten nach rechts abzweigt, ist ein weiteres imposantes Eckhaus aus dieser Zeit zu entdecken. Es be-

Fast immer sind die Türen der Altstadthäuser prächtig bemalt.

eindruckt mit seinen zwei Vollgeschossen und dem mächtigen Treppengiebel. Besondere Beachtung verdienen auch die Häuser Nr. 7 und 8 in der Unteren Ohlingerstraße, die ihren Ursprung im Jahr 1476 haben. Fachwerk, Utluchten und Windeluken zieren dieses schöne Ensemble, in dem früher Töpfer, Brauer und Goldschmiede zu Hause waren. Eine Inschrift an diesem Haus lautet: „Herr, schütze mich und die hier hausen, vor Planern und Kulturbanausen", sie wird dem heutigen Eigentümer des Hauses, einem kritischen ALA-Mitglied, zugeschrieben.

Sie können sich kreuz und quer durch die Altstadt treiben lassen und werden noch viele interessante Häuser und originelle, feine Geschäfte entdecken. Goldschmiede und Weinhandlungen, Antiquitäten und Polsterer, edles Handwerk und der wahrscheinlich kleinste Friseurladen Lüneburgs haben hier ihre Pforten in historischen Behausungen geöffnet.

Alle zwei Jahre veranstaltet der ALA das historische Fest „Alte Handwerkerstraße". Rund um die St. Michaeliskirche und in ihren angrenzenden Straßen bauen Handwerker in Renaissancetracht ihre Gewerke auf und zeigen vor interessierten Zuschauern, wie damals und heute geschmiedet, gezimmert oder Seile hergestellt wurden. Es sind vornehmlich Berufe, die zur Sanierung alter Häuser benötigt werden, und von diesen gibt es in der Altstadt immer noch viele. Bei diesem Fest wird ohne Strom und Gas gearbeitet. Dazwischen schnattern Gänse, Übeltäter werden an einen Pran-

Die Restaurierung der Altstadthäuser ist aufwendig, das Ergebnis aber lohnend. Liebevolle Details wie originalgetreue Fensterbeschläge zeigen das Bemühen um Authentizität.

ger gestellt und Marketenderinnen preisen Seife, Wollprodukte, Töpferware und dergleichen an. Es ist eine Szenerie, so wie sie sich zur Zeit der Renaissance in Lüneburg dargestellt haben wird.

Die „Alte Handwerkerstraße" findet im Zwei-Jahres-Turnus statt. Eine ähnliche Szenerie bietet sich während des Historischen Weihnachtsmarkts in der Altstadt. Er findet jedes Jahr am zweiten Adventswochenende statt.

**Wo:** Arbeitskreis Lüneburger Altstadt e. V., Untere Ohlingerstraße 7, Hintergebäude Eingang Neue Straße, Tel. 04131/267727, www.alaev-lueneburg.de
**Infos:** Veranstaltungskalender unter www.lueneburg.info, Lüneburg Marketing GmbH, Tel. 0800/2205005
**Highlight:** Führung durch die Altstadt, Information und Buchung bei der Lüneburg Marketing GmbH, Tel. 0800/2205005, www.lueneburg.info

# Keimzelle Lüneburgs
## St. Michaeliskirche

Die **St. Michaeliskirche** gehört zu den Keimzellen Lüneburgs. Wuchtig, mit imposantem Turm erhebt sie sich über die Dächer der Westlichen Altstadt am Fuße des Kalkbergs. Auf dem ehemals 80 Meter hohen Berg hatte um 950 der Markgraf Hermann Billung zunächst eine Burg und im Jahr 956 ein Benediktinerkloster mit Klosterkirche errichten lassen. 1371 stürmten Lüneburger Bürger während des Lüneburger Erbfolgestreits die herzogliche Burg und zerstörten sie. Auch das Kloster blieb nicht verschont und musste aufgegeben werden. Auf seinen Fundamenten wurde 1376 der Grundstein für die dreischiffige Hallenkirche St. Michaelis gelegt. Sie wurde mit einer Unterkirche gebaut, die bereits drei Jahre später geweiht werden konnte. Bis der gesamte Bau fertig war, sollte es weitere 40 Jahre dauern. Der trutzige Turm erhielt erst 1765 seine grüne Haube.

Die St. Michaeliskirche mitten in der Altstadt. Von der einst mächtigen Klosteranlage ist nur noch die Klosterkirche übrig geblieben. Das ursprünglich auf dem Kalkberg gelegene Kloster St. Michaelis wurde bereits 956 urkundlich erwähnt.

Wunderbare uralte Treppenstufen führen zur Kirche hinauf, die heute am Johann-Sebastian-Bach-Platz steht. Das rege Musikleben von St. Michaelis steht in der Tradition des Komponisten Johann Sebastian Bach (1685–1750) und seines berühmtesten Schülers: Von 1700 bis 1702 sang und musi-

**Wo:** St. Michaeliskirche, Auf dem Michaeliskloster 2b, 21335 Lüneburg
**Wann:** Mo–Sa 10–16 Uhr, So 14–16 Uhr; nicht während Amtshandlungen und Veranstaltungen
**Highlight:** Konzerte der St. Michaelis Kantorei
**Infos:** Tel. 04131/31400, www.sankt-michaelis.de

Die St. Michaeliskirche beeindruckt vor allem durch ihr mächtiges Äußeres und ihre Lage – die sie umgebenden Häuser wirken nahezu winzig. Berühmtester Chorschüler war Johann Sebastian Bach, der in jungen Jahren als Kantor in St. Michaelis wirkte.

zierte er hier. Die St. Michaelisschule ermöglichte kostenlosen Unterricht, allerdings mussten sich die Schüler beispielsweise mit der musikalischen Gestaltung von Gottesdiensten als Chorsänger in die Kirchenarbeit einbringen.
Blickt man von außen auf die Kirche, so sieht man rechter Hand auf der Höhe des Chores eine Treppe, die zu einem Podest und weiter zur Nordseite der Kirche führt. Vom Podest aus entdeckt man die Überreste eines klösterlichen Kapitelsaals, der 1978 ausgegraben wurde. Ein kräftiger Pfeiler ragt empor, der Rest des Raums befindet sich nicht einsehbar unter dem Podest. Der Kapitelsaal wurde ursprünglich für Lesungen, Beratungen, Aufnahmezeremonien und Gerichtsverhandlungen genutzt.
Der Innenraum der Kirche zeigt sich heute schlicht, denn im Zuge einer umfassenden Modernisierung Ende des 18. Jahrhunderts verlor die Kirche nahezu ihr gesamtes mittelalterliches Inventar.

Getragen von zehn mächtigen Säulen, die zum Ende des Mittelschiffs in den Chor münden, beeindruckt die Kirche durch die Weite ihres 53 Meter langen und 20 Meter hohen Innenraums. Eine besonders schöne Stimmung herrscht zur Dämmerung, wenn letzte Sonnenstrahlen durch die hohen spitzbogigen Fenster fallen.

Doch die Folgen des Senkungsgebiets, in dem St. Michaelis gebaut ist, zeigen sich auch hier: Die Säulen sind im oberen Bereich durch ein stabilisierendes Holzgestänge miteinander verbunden. Der neogotische Altar von 1866 zeigt ein Bildnis von der Beweinung Christi. Das ursprüngliche kostbare Altarretabel mit der sogenannten Goldenen Tafel wurde 1698 Opfer des berühmt-berüchtigten Kirchenräubers Nickel List. Er muss als „Al Capone" des 17. Jahrhunderts bezeichnet werden, Morde und schwere Raube gingen auf sein Konto. Mit dem Diebstahl der aus purem Gold, Silber und Edelsteinen bestehenden Tafel ging der Kirche ihr wertvollster Schatz verloren. Ein Nachbau der Goldenen Tafel befindet sich seit 1961 in der Kirche. Besondere Beachtung verdient die Kanzel, die der Bildhauer David Schwenke aus Pirna 1601/02 schuf. Sie schmiegt sich an eine der Säulen und wird von einer Paulusfigur getragen. Aus Sandstein gemeißelte Reliefs stellen Szenen aus dem Leben Christi sowie die Evangelisten, Propheten und Apostel dar.

Rechts vom Chor führt eine Treppe hinunter zur **Unterkirche**. Obschon mit Ziegeln aus dem 19. Jahrhundert ausgestattet, beeinträchtigt dies den ruhigen, Geborgenheit ausstrahlenden Charakter der Krypta nur wenig. Die dreischiffige Halle mit Glasmalerei im Ostfenster und geschichtlich-symbolhaften Darstellungen in den Gewölbeschlusssteinen bildet nach wie vor einen würdigen Rahmen für Gottesdienste.

Blick in den Turm von St. Michaelis. 1430 wurde mit seinem Bau begonnen, der zunächst unvollendet blieb. Im 18. Jahrhundert wurde der Turm fertiggestellt und erhielt unter anderem seine grüne Haube.

# Schatzkiste des Mittelalters
## St. Johanniskirche

Die **St. Johanniskirche** am Platz Am Sande darf zweifellos zu den bedeutendsten gotischen Backsteinbauwerken Norddeutschlands gezählt werden. Der Grundstein für die fünfschiffige gotische Hallenkirche wurde im Jahr 1289 gelegt. 1308 war der grundlegende dreischiffige Bau nach dem Vorbild der Lübecker Marienkirche vollendet, doch bis 1400 sollten zahlreiche Erweiterungen folgen. Imposante 44 Meter breit, mit zwei Seitenschiffen, die mit 15 bis 16 Metern fast so hoch sind wie das Hauptschiff, sowie zwölf Seitenkapellen ist St. Johannis die am besten erhaltene Kirche Lüneburgs. Sie ist eine der ältesten Taufkirchen Niedersachsens. Der Kirchturm fällt nicht nur durch seine Höhe von annähernd 109 Metern auf, sondern auch durch seine deutliche Schieflage:

Die St. Johanniskirche mit ihrem über 100 Meter hohen, schiefen Turm. Die Neigung des Turms gen Südwesten soll auf einen Konstruktionsfehler des Baumeisters zurückzuführen sein. Der Legende nach sprang dieser aus Verzweiflung darüber vom Turm – und überlebte.

**Wo:** St. Johanniskirche, Bei der St. Johanniskirche 2, 21335 Lüneburg
**Wann:** Mo–Mi 10–17 Uhr, Do 10–18 Uhr, Fr 10–20 Uhr, Sa 10–18 Uhr, So 11–16 Uhr; Kirchenführungen von 1. Mai–31. Oktober an jedem Sonntag ca. 11.15 Uhr nach dem Gottesdienst, an jedem Samstag um 12 Uhr; Turmführungen mit der Turmführergilde Lüneburg, Tel. 04131/8983711
**Infos:** Tel. 04131/44542, www.st-johanniskirche.de

Die Spitze weicht um 1,30 Meter nach Süden und sogar 2,20 Meter nach Westen vom Lot ab – und zwar ausnahmsweise nicht aufgrund der Bodensenkungen. Um diese Schieflage rankt sich eine kleine Legende: Der Baumeister des Turms soll über sein missgebildetes Werk so unglücklich gewesen sein, dass er sich in seiner Verzweiflung vom Turm stürzte. Glücklicherweise landete er jedoch nicht auf den harten Steinen, sondern in einem Heuwagen, der zufällig vorbeifuhr …
Seit über 700 Jahren ist der Turm jedenfalls stabil, trotz Schieflage.
Einer der letzten Turmbläser Deutschlands bläst jeden Werktag morgens um 9 Uhr (samstags um 10 Uhr) einen Choral vom Turm.
Die mittelalterliche Innenausstattung der Kirche ist weitestgehend erhalten geblieben. Eine besondere Kostbarkeit ist die **Orgel** mit drei Manualen, 51 Registern und 4500 Pfeifen. 1551 wurde sie bei den berühmten Niederländer Orgelbaumeistern Hendrik Niehoff und Jasper Johannsen in Auftrag gegeben, zwei Jahre später konnte das Meisterwerk von ’s-Hertogenbosch nach Lüneburg überführt werden. Sie wurde zu Beginn des 18. Jahrhunderts und nochmals 2010 erweitert. Heute verbindet sie die Elemente einer niederländischen Renaissanceorgel mit einer norddeutschen Barockorgel. Sie gilt als eine der bedeutendsten Orgeln in Deutschland. Berühmtester und langjähriger Organist

Der Marienleuchter (15. Jahrhundert) im Nordschiff der St. Johanniskirche. Die Madonna ist von Sonnenstrahlen umrahmt und trägt auf dem Kopf eine Krone mit zwölf Sternen.

der Kirche (von 1698 bis 1733) war Georg Böhm, dem ein gewisser Einfluss auf Johann Sebastian Bach nachgesagt wird.
Der große, doppelflügelige **Hauptaltar** wurde von einheimischen Schnitzmeistern und dem Hamburger Bildhauer Hinrich Funhoff um 1482 geschaffen.
14 geschnitzte Darstellungen aus dem Leben und Leiden Christi und vier Tafelbilder Funhoffs bilden den künstlerischen Mittelpunkt des Altars. Eine Bildtafel zeigt die Heilige Ursula, nach der die Nacht des Jahres 1371 benannt ist, in der Lüneburger Bürger die Burg auf dem Kalkberg stürmten und den Herzog Torquatus stürzten. Auch die anderen Bildtafeln thematisieren Heiligenlegenden des Heiligen Georg, der Cäcilie und Johannes des Täufers.
Die Bildtafeln Funhoffs gelten als bedeutende Beispiele niederdeutscher Tafelmalerei der Spätgotik.
Im nördlichen Seitenschiff befinden sich weitere jahrhundertealte Einrichtungsgegenstände, so zum Beispiel der Marienleuchter (um 1490), das Taufbecken aus Bronze (um 1540), das ursprünglich für die St. Lambertikirche gefertigt worden war, sowie ein kleines Sandsteinrelief (um 1420), das Mariä Verkündigung darstellt. Im Kirchenraum selbst ist eine Vielzahl an Epitaphien aus dem 16. bis 18. Jahrhundert zu sehen. Die Kirchenfenster sind neuzeitlichen Datums. Das Mittelfenster auf Höhe des Chores ist ein Geschenk Kaiser Wilhelm II., der Anfang des 20. Jahrhunderts Lüneburg mehrere Besuche abstattete.

Die Orgel von St. Johannis ist eine der bedeutendsten in ganz Deutschland. Mit dem Bau begannen die niederländischen Meister Niehoff und Johansen im Jahr 1551, in den folgenden Jahrhunderten wurde sie laufend erweitert. Die Originalpfeifen und -register stammen aus vier Jahrhunderten, und die Orgel besitzt das älteste erhaltene Rückpositiv Deutschlands.

# Kirche der Schiffer
## St. Nicolaikirche

Die kleinste und jüngste Lüneburger Kirche im neugotischen Stil fällt schon von Weitem durch ihren hohen, schlanken Turm auf. Sie liegt in unmittelbarer Nähe des historischen Hafens und war seit jeher die Kirche der Schiffer, die im Wasserviertel wohnten. Daher rührt auch ihr Name: St. Nicolaus war der Schutzpatron der Schifffahrt. Die Kirche wurde 1406 zunächst als Kapelle errichtet und 1420 zur Kirche ausgebaut. Da der ursprüngliche Bauplatz im eng besiedelten Wasserviertel nicht üppig bemessen war und das Wohnviertel stetig wuchs, wurde die Kirche in die Höhe statt in die Breite erweitert. So zeigt sich **St. Nicolai** als Backsteinbasilika mit einem Mittelschiff, das mit 28,5 Metern doppelt so hoch ist wie die Seitenschiffe. Dies unterscheidet sie von den Hallenkirchen St. Michaelis und St. Johannis, deren Haupt- und Seitenschiffe gleich hoch sind. Der Kirchturm wurde ab 1460 errichtet, litt aber wie das gesamte Kirchengebäude unter der schlechten Bauausführung und dem instabilen Untergrund. Die Schäden an der Kirche nahmen zu, und Anfang des 19. Jahrhunderts drohte der Abriss. Dazu kam es glücklicherweise nicht, denn der 1843 gegründete Kirchenbauverein „Rettet St. Nicolai" brachte die Restaurierung des Gotteshauses auf den Weg. Die Arbeiten begannen 1864 und endeten 1899 mit dem Bau der spätromanischen „Furtwängler & Hammer"-Orgel. Der Turm

Die St. Nicolaikirche, die jüngste der drei Stadtkirchen, im Lüneburger Wasserviertel. Ihr Baubeginn datiert auf den Anfang des 15. Jahrhunderts, ihr heutiges Aussehen erhielt sie durch Restaurierungsarbeiten im 19. Jahrhundert.

**Wo:** St. Nicolaikirche, Lüner Straße 14–15, 21335 Lüneburg
**Wann:** Januar–März 10–16 Uhr, April–Dezember 10–18 Uhr; Turmführungen mit der Turmführergilde Lüneburg, Tel. 04131/8983711 (Sonderführungen für Gruppen können ganzjährig gebucht werden); Musik zur Marktzeit (Orgelkonzert) 1.6.–31.8., Sa 11–11.30 Uhr
**Infos:** Tel. 04131/2430777, www.st-nicolai.eu

Das einmalig schöne Sternengewölbe von St. Nicolai ruht zwischen den hohen Pfeilern an der Decke des gotischen Mittelschiffs.

wurde 1893 mit einer Höhe von 95 Metern errichtet. Sein Vorgänger, der 1587 vollendet wurde, musste 1831 wegen Baufälligkeit abgerissen werden. Den heutigen Turm kann man im Rahmen einer Führung besteigen. 234 Stufen führen über eine sehr enge Wendeltreppe bis ganz nach oben. Unterwegs ist die 1491 von Gerhard van Wou gegossene Marienglocke zu sehen, eine der wertvollsten Glocken Lüneburgs. Von oben hat man einen wunderbaren Blick über die Stadt.

Die St. Nicolaikirche galt immer als Bürgerkirche, sie lebte von dem Engagement der Schiffer und Salztonnenböttcher. Diese hatten feste Sitzplätze in „ihrer" Kirche und ein Anrecht auf ein freies Begräbnis auf dem Nicolaikirchhof. Ihre Gilden unterstützten die Ausstattung der Kirche und spendeten Almosen.

Im mittelalterlich geprägten Innern der Kirche wandert der Blick entlang der Backsteinsäulen und -bögen empor bis zu dem wunderbaren achtzackigen **Sternengewölbe**. Besonders sehenswert

Der Hauptaltar mit Schnitzbildern des Lüneburger Schnitzers Hans Snitker. Sie stammen aus den Jahren um 1440 und zeigen Szenen aus dem Leben Jesu.

ist außerdem der vierflügelige goldschimmernde **Hauptaltar** aus dem Jahr 1447. Ursprünglich hatte er seinen Standort in der 1861 abgerissenen St. Lambertikirche. Nun steht er hier im Binnenchor am Ende des Mittelschiffs. Von innen zeigen die Flügel 20 geschnitzte Szenen aus dem Leben Jesu, geschaffen um 1440 vom Lüneburger Bildschnitzer Hans Snitker. Während der Passionszeit sind die Flügel des Altars geschlossen. Auf der Außenseite sind dann Flügelgemälde des Hamburger Malers Hans Bornemann zu sehen, die das Leben von Heiligen und Märtyrern und die Kreuzigung darstellen. Weitere Gemälde des Malers befinden sich als Bildtafeln im Chorumgang. Eine von ihnen zeigt die älteste Stadtansicht Lüneburgs (1444), auf der auch St. Nicolai zu erkennen ist.

Konzerte, Musik zur Marktzeit, Kantatengottesdienste und eine wie zu früheren Zeiten sehr engagierte Gemeinde machen St. Nicolai zu einem lebendigen Anziehungspunkt kirchlichen Lebens.

# Salzgewinnung und Salzhandel
## Deutsches Salzmuseum

Das **Deutsche Salzmuseum** ist ein Muss für jeden Lüneburg-Besucher. Es veranschaulicht auf lebendige Weise die Bedeutung des Salzes für Lüneburg, aber auch für die Menschen ganz allgemein. Im Museum können die Besucher sowohl die Beförderung und Verarbeitung der Sole und des Salzes im Mittelalter als auch den Handel mit dem kostbaren Gut nacherleben. Das Museum wurde 1989 als „Deutsches Salzmuseum/Industriedenkmal Saline Lüneburg“ auf dem Gelände der über tausendjährigen, ehemaligen Saline eröffnet. Diese hatte 1980 ihren Betrieb eingestellt und es wurden unter anderem ein Güterwaggon, hölzerne Soleleitungen sowie mehrere Gebäude wie das Siedehaus, der Eselstall, und das Brunnenhaus unter Denkmalschutz gestellt. Bereits 1991 wurde das Museum mit dem Museumspreis des Europaparlaments ausgezeichnet. Gewürdigt wurden

Ein Ausstellungsraum des Deutschen Salzmuseums. Die letzte erhaltene große Siedepfanne und die Salztrocknungsanlage zeigen eine wichtige Station in der Salzproduktion.

damit der Beitrag des Museums zum Verständnis der kulturellen Vielfalt Europas sowie die zu der Zeit neuartige, nicht-museale Ausstellungskonzeption. Es ist ein Museum zum Anfassen und Begreifen im Wortsinn – die Sole kann hier sogar gekostet werden. Interessante Sonderausstellungen des Museums greifen immer wieder aktuelle und historische Themen auf.

**Wo:** Deutsches Salzmuseum, Sülfmeisterstraße 1, 21335 Lüneburg
**Wann:** Oktober–April 10–17 Uhr, Mai–September Mo–Fr 9–17 Uhr, Sa und So 10–17 Uhr
**Infos:** Tel. 04131/45065, www.salzmuseum.de

Der Besucher erlebt bei seinem Gang durch das ehemalige Siedehaus, in dem das Museum untergebracht ist, eine beeindruckende Zeitreise. Lichtinszenierungen und interaktive Computerstationen begleiten ihn dabei. Eine riesige bleierne Salzpfanne, acht Meter breit und 20 Meter lang, zeigt anschaulich den mühevollen Vorgang des Salzsiedens. Die ans Tageslicht beförderte Sole wurde in die Pfanne gegossen und unter Rühren so lange verkocht, bis das pure Salz übrig blieb. Eine harte Arbeit unter auszehrenden Bedingungen, die von Siedearbeitern – Frauen und Männern – verrichtet wurde. Das Umfeld dieser Arbeit kann in einem nachgebauten Salzstollen nachempfunden werden, in kleinen Siedepfannen können Besucher selbst Salz herstellen.
Viele weitere Exponate wie Lagerungs- und Transportobjekte, Pumpen und Leitungssysteme sind zu sehen. Ebenso werden die Transportwege und -arten gezeigt, mit denen das Salz in die ganze Welt versandt wurde.

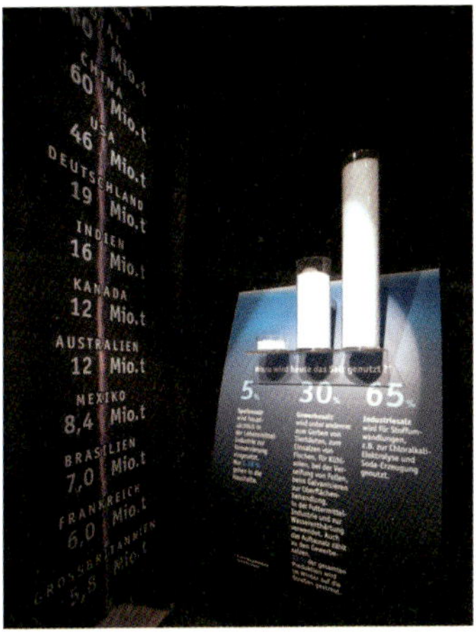


Auch die Bedeutung des Salzes für den Menschen und der Verbrauch in allen Teilen der Erde sind Themen der Dauerausstellung im Salzmuseum.

Das im Jahr 1832 erbaute Brunnenhaus erinnert heute im Außengelände an die Saline. Darin befindet sich der Solebrunnen, aus dessen unterirdischen Quellen bis 1961 die Sole emporgepumpt wurde. Heute wird mithilfe des Brunnens nur noch Sole für die Salztherme Lüneburg (Seite 94) und das Gradierwerk gefördert.

# Mensch, Natur und Kultur
## Museum Lüneburg

Schlicht **Museum Lüneburg** wird das neue Ausstellungsgebäude heißen, das voraussichtlich im Herbst 2014 seine Pforten öffnen wird. Es ist aus dem früheren **Museum für das Fürstentum Lüneburg** und dem **Naturkundemuseum** hervorgegangen und vereint Themen rund um Kulturgeschichte und Natur; neu kommt der Bereich Stadtarchäologie hinzu. Im Mittelpunkt steht die Kulturlandschaft der Lüneburger Region mit der Hansestadt Lüneburg als Zentrum. Dargestellt wird, wie Landschaft und Stadt durch den Eingriff des Menschen immer wieder Wandlungen und Weiterentwicklungen erlebten.
Das Museum verfügt über eine wertvolle Sammlung von Exponaten: Fundstücke aus den Zeiten der frühesten Besiedelung der Region 5000 v. Chr. sowie bedeutsame Gegenstände aus der Lüneburger Stadtarchäologie und der Geologie. Lüneburg erlebte seine Blütezeit als Hansestadt im 15. und 16. Jahrhundert, als sie durch den Handel mit dem Salz zu einer der wichtigsten und reichsten Städte der Hanse wurde. Viele der Ausstellungsstücke stammen aus dieser Zeit, zum Beispiel Gegenstände aus den prächtigen Patrizierhäusern der Stadt.
Der Ausstellungsrundgang zeigt, was es mit dem Lüneburger Untergrund auf sich hat, wie dieser erdgeschichtlich zustande gekommen ist und unter welchen Umständen sich Menschen in der Region ansiedelten. Das Alltags- und Wirtschaftsleben der Menschen im mittelalterlichen Lüneburg wird anhand von archäologischen Fundstücken verdeutlicht. Ein Teil der Ausstellung widmet sich den für die Region typischen Landschaftsformen Fluss, Moor, Wald und Heide. Unter Menschenhand wandelte sich diese Naturlandschaft allmählich zur Kulturlandschaft.
Das Museum ermöglicht Einblicke, wie sich das Weltbild des Menschen im Zuge von Reformation und Aufklärung wandelte.

**Wo:** Museum Lüneburg, Willy-Brandt-Straße 1, 21335 Lüneburg
**Infos:** Tel. 04131/7206512, www.museumlueneburg.de

Diese Axt in Form einer Hacke, ein sogenannter Schuhleistenkeil, entstammt dem mitteldeutschen Raum und gelangte vor etwa 7000 Jahren als Handelsgut über die Elbe in unsere Region. Es ist einer der ältesten Funde einer sesshaften Bauernbevölkerung und wird im Museum Lüneburg der Öffentlichkeit gezeigt.

Davon zeugt ein im Stil des 18. Jahrhunderts nachgebautes Raritätenkabinett sowie eine Sammlung an Globen, Karten und wissenschaftlichen Instrumenten, mit denen der aufgeklärte Mensch sich die Welt zu erklären versuchte.
Das Museum verfolgt einen interdiszlipinären Ansatz: Es versucht, die Exponate aus der Kulturgeschichte mit einem naturwissenschaftlichen Blick zu betrachten. Auch soll das Haus vor allem ein Ort der Begegnung zwischen Geschichte und Gegenwart darstellen und bietet ein vielseitiges Programm: Sonderausstellungen, Vorträge, Workshops, Lesungen u.v.m.
Das Museum Lüneburg ist bei Drucklegung dieses Buches noch mitten in den Planungen. Man darf gespannt sein, mit welchem endgültigen Konzept es sich bei seiner Eröffnung präsentiert.

# Geschichte, Landschaft und Kultur
## Ostpreußisches Landesmuseum

Das **Ostpreußische Landesmuseum** informiert in sechs Dauerausstellungen über die wechselvolle Geschichte und Kultur der ehemaligen deutschen Provinz Ostpreußen. Der geschichtliche Teil beginnt bei der Urgeschichte der Region und reicht von der Eroberung des Gebiets durch die Ritter des Deutschen Ordens im 13. Jahrhundert, über das Königreich Ostpreußen im 18. Jahrhundert bis hin zu Flucht und Vertreibung infolge des Zweiten Weltkriegs und der Neuaufteilung des Landes nach 1945.
Die einmaligen Landschaften Ostpreußens wie die Kurische Nehrung, Masuren oder die Rominter Heide sind Bestandteile des naturkundlichen Teils der Ausstellung. Exponate aus Jagd und Pferdezucht belegen die hochstehende Entwicklung der Kulturlandschaft. Ein kulturhistorischer Bereich befasst sich mit den aus Ostpreußen stammenden berühmten Geistesgrößen Immanuel Kant, Gottfried Herder, Kopernikus und weiteren Wissenschaftlern. Auf Hunderten von Gemälden werden Werke nahezu vergessener, aber auch international bekannter ostpreußischer Künstlerinnen und Künstler wie zum Beispiel Käthe Kollwitz und Lovis Corinth gezeigt. Eine umfangreiche kunsthandwerkliche Ausstellung mit kostbaren

Das Ostpreussische Landesmuseum wird von 1500 auf rund 2000 Quadratmeter Ausstellungsfläche erweitert. Die gesamte bestehende Ausstellung wird komplett neu ausgerichtet, hinzu kommt, wie seit Langem geplant, eine deutschbaltische Abteilung.

**Wo:** Ostpreußisches Landesmuseum, Ritterstraße 10, 21335 Lüneburg
**Wann:** Di–So 10–18 Uhr
**Infos:** Tel. 04131/759950, www.ostpreussisches-landesmuseum.de, Eintritt: 4,-/3,- Euro, Kinder unter 16 Jahre sind frei!

Ein Blick in die Abteilung „Bildende Kunst“ des Ostpreußischen Landesmuseums.

Schmuck-, Repräsentations- und Alltagsobjekten ermöglicht einen Einblick in ostpreußische Kunstfertigkeiten.
Das moderne Museum arbeitet eng mit Museen und Archiven in Polen, Russland und Litauen zusammen, wo ebenfalls mehrere Ausstellungen im Jahr gezeigt werden. Diese grenzüberschreitende Kulturarbeit stellt einen wichtigen Beitrag zu einem besseren Miteinander in Europa dar.
Das Museum organisiert jedes Jahr bis zu sechs wechselnde Sonderausstellungen allein in Lüneburg. Interessante Vorträge und Lesungen, museumspädagogische Angebote für Kinder und Schulklassen und Museumsmärkte machen das Museum zu einem Anziehungspunkt lebendiger Kulturgeschichte.
Aktuell steht das Museum vor einem Umbau mit Erweiterung. Ab dem Sommer wird das Museum möglicherweise schrittweise schließen. Die Neueröffnung ist für den Herbst 2015 geplant.

# Historische Wassertechnik

## Lüneburger Wasserturm

Der **Wasserturm** ist ein jüngeres Bauwerk in der Geschichte Lüneburgs. 1905 entwarf der Architekt Franz Krüger den Bau auf alten Wallanlagen, die heute nur noch durch die leicht erhöhte Lage des Wasserturms erkennbar sind. Die Architektur verweist mit ihren Zinnen und spitzbogigen Fenstern auf die Lüneburger Backsteingotik. Noch interessanter als die äußere Form ist jedoch die ursprüngliche und heutige Funktion des Turms. Er wurde in direkter Nähe zur Ratsmühle gebaut, deren Pumpen den Turm mit Wasser versorgen sollten. Lüneburg hatte zu der Zeit ein akutes Problem mit der Trinkwasserversorgung, die mit verstopften Leitungen und niedrigem Wasserdruck nicht mehr den hygienischen Anforderungen entsprach. Der in den Turm eingebaute, 500 Kubikmeter fassende Wasserkessel wurde nun über die Pumpen mit Frischwasser gefüllt, das zuvor über eine Filteranlage gereinigt worden war. Aus dem Kessel wurde das Wasser in die städtischen Haushalte gepumpt. Doch die für damalige Zeiten moderne Wassertechnik reichte wenige Jahre später schon nicht mehr für die Bedürfnisse der rasch wach-

Der Wasserturm versorgte bis 1985 die Lüneburger Bevölkerung mit Trinkwasser.

**Wo:** Trägerverein Wasserturm Lüneburg e. V., Bei der Ratsmühle 19, 21335 Lüneburg

**Wann:** Täglich von 10–18 Uhr, ganzjährig: an jedem Vollmondabend kulturelles Programm, an jedem 1. Sonntag im Monat Jazz live

**Infos:** Tel. 04131/7895919, www.wasserturm.net

senden Bevölkerung aus. Dennoch sollte es bis 1985 dauern, bis der Wasserturm stillgelegt wurde. In den folgenden Jahren drohte er zu verfallen, ein Schicksal, dem er glücklicherweise entging. Im Zuge der „EXPO 2000“ mit dem Motto „Mensch – Natur – Technik“ konnte der Turm umfassend saniert werden.
Der Trägerverein „Wasserturm Lüneburg e. V.“, 1998 gegründet, unterhält das Gebäude heute. Dessen Gründer Rüdiger Hedde, ehemals Leiter der benachbarten Hauptschule Stadtmitte, und seine nimmermüden Mitstreiter entwickelten Ideen zur künftigen Nutzung des Wasserturms. Fördergelder wurden eingeworben und Langzeitarbeitslose sanierten den Turm. Da die „Zukunft der Schulen“ eines der EXPO-Themen war, entwickelte der Verein das Konzept, die Schülerinnen und Schüler der Hauptschule in das „EXPO-Projekt Wasserturm“ einzubinden. Sie wurden in der Geschichte des Wasserturms geschult und führen seit der Eröffnung im Jahr 2000 selbstbewusst und kompetent Besucher durch den Turm.

Treppen mitten durch den Wasserkessel. Es gibt jedoch auch einen Lift, der die Besucher bis fast ganz nach oben in luftige 56 Meter Höhe bringt.

Der Wasserturm mit seinen sechs Ebenen ist heute lebendiger Kulturort mit einer Dauerausstellung zum Thema „Wasser“, wechselnden Sonderausstellungen und Konzerten jeweils zur Vollmondnacht. Auch wenn man den Wasserturm nur besichtigen möchte, ist er jederzeit einen Besuch wert. Besonders beeindruckend sind der historische Wasserkessel, durch den das Treppenhaus führt, und die Aussichtsplattform ganz oben. Mit einem Fahrstuhl können Sie bis zu einer Wendeltreppe fahren, über die Sie auf die Aussichtsterrasse gelangen. In 56 Metern Höhe hat man einen fantastischen Blick über die roten Backsteindächer der Stadt.

# Braukunst in der Stadt des Bieres

## Brauereimuseum

Eine Menge Bier muss zur Blütezeit der Hanse in Lüneburg getrunken worden sein, denn die Stadt zählte stattliche 80 Brauereien im 15. Jahrhundert – fast alle von ihnen waren in der Heiligengeiststraße ansässig. Die Kronen-Brauerei, gegründet 1485 vom Bürger Thomas Lampe im Haus Nr. 41, blieb als Einzige bestehen. Über 500 Jahre wurde hier Lüneburger Kronen-Pilsener und Moravia-Pilsener gebraut, bevor die Produktion dieser Biere an die Holsten-Brauerei in Hamburg überging.

Das beeindruckende Gebäude in der Heiligengeiststraße beherbergt heute das Gasthaus **Kronen-Brauhaus**. In die Kunst des Bierbrauens selbst wird man im angeschlossenen **Brauereimuseum** eingeführt, das sich im ehemaligen Sudhaus befindet. Es stammt aus dem Jahr 1911. Hier wird anschaulich gezeigt, wie mithilfe von Sudkessel, Gärpfannen und Malzmühlen der köstliche Gerstensaft gebraut wurde. Zum Kronen-Brauhaus gehört ein großer, ruhiger Innenhof, der auch für Feste und Veranstaltungen genutzt wird.

Der idyllische Innenhof des Kronen-Brauhauses. In der Gaststätte werden unter anderem „Lüpas" serviert – Lüneburger Tapas. Dazu schmeckt ein Lüneburger Pilsener.

Im Innern des Gebäudes ist vor allem die **historische Diele** sehenswert. Sie ist mit wertvollen

**Wo:** Brauereimuseum Lüneburg, Heiligengeiststraße 39, 21335 Lüneburg
**Wann:** Täglich außer Mo 13–16.30 Uhr
**Infos:** Tel. 04131/44804, www.brauereimuseum-lueneburg.de

Antiquitäten ausgestattet und bietet Platz für große Gesellschaften. Ein unterhaltsames Erlebnis sind die **Brauerkumpaneyen**, die hier für Gruppen veranstaltet werden. Marketenderinnen servieren ein deftiges Sechs-Gänge-Mahl, und Tischvogte werden bestimmt, die auf die guten Sitten bei Tisch zu achten haben. Wie im Mittelalter wird mit Holzlöffel und Messer gegessen, der Wein wird in Zinnbechern gereicht. Dazu gibt es derbe Lieder und einen Zeremonienmeister, der die einzelnen Gänge auf launige Weise ansagt. Wer vor Ort gebrautes Bier genießen möchte, kommt noch in zwei weiteren Gasthäusern auf seine Kosten. So zum Beispiel im **Mälzer Brau- und Tafelhaus**, das ebenfalls in der Heiligengeiststraße in einem über 550 Jahre alten Gebäude seinen Standort hat. Blickfang sind der große Braukessel mitten in der Gaststätte, die ineinander verschachtelten Räumlichkeiten und der historische Gewölbekeller (Seite 39). Hingewiesen sei noch auf eine

Das Lüneburger Pilsener wurde seit 1485 in der Kronenbrauerei gebraut und blieb bis ins Jahr 2001 eine Lüneburger Eigenmarke. Inzwischen wird es von der Brauerei Carlsberg hergestellt.

besondere Kultstätte: das **Gasthaus Nolte** in der Dahlenburger Landstraße im östlichen Lüneburg. Es ist zwar erst gute hundert Jahre alt, wird von Gästen jedoch wegen des selbst gebrauten Bieres, des Biergartens und der in kleinem Rahmen stattfindenden Rockkonzerte geschätzt.

# Schätze im evangelischen Convent
## Klösterliches Frauenleben

Sechs evangelische **Lüneburger Heideklöster** liegen über die gesamte Lüneburger Heide verstreut. Es sind ausnahmslos Frauenklöster, die vor 1000–800 Jahren gegründet wurden. Herzog Ernst zu Braunschweig unterzog 1524 als Anhänger Luthers die Heideklöster der Reformation. Die Folge war der dreißigjährige Nonnenkrieg, in dem sich die Nonnen gegen den verordneten Protestantismus wehrten; vergeblich, Mitte des 16. Jahrhunderts hatten sich alle Klöster der Reformation angeschlossen. Die Klöster Walsrode, Medingen, Isenhagen, Wienhausen, Ebstorf und Lüneburg zeugen mit ihren prachtvollen, hervorragend erhaltenen Gebäuden aus Renaissance und Barock vom Reichtum des ehemaligen Fürstentums Lüneburg. Bis heute werden die Heideklöster von Konventualinnen bewohnt und von je einer Äbtissin geleitet.

Im Unterschied zu katholischen Klöstern haben die Bewohnerinnen der Heideklöster weltliche Aufgaben kultureller, sozialer oder diakonischer Natur. Die Anwärterinnen gehen in der Regel im Anschluss an ihr Berufsleben ins Kloster, ihr Familienstand – ob geschieden, ledig oder verwitwet – spielt für die Aufnahme keine Rolle, jedoch müssen sie evangelischen Glaubens sein. Den Frauen steht in den Klöstern jeweils eine eigene Wohnung zur Verfügung, die Mietkosten sind durch die Arbeit abgegolten, die die Bewohnerinnen im Kloster leisten.

Dieser Umstand, die Gemeinschaft mit gleichgesinnten Frauen bei gleichzeitiger Möglichkeit des Rückzugs sowie die Aussicht auf eine sinnvolle Aufgabe im Alter mögen dazu beitragen, dass die Klöster immer wieder Anfragen potenzieller Konventualinnen haben. Das Leben im Heidekloster ist bei aller Weltlichkeit nicht mit einer Frauen-Wohngemeinschaft zu verwechseln. In jedem Fall ist es eine Freude, von den gebildeten Stiftsdamen durch die Klöster geführt zu werden und dabei wahre Schätze des Mittelalters kennenzulernen. Zwei der Klöster werden auf den folgenden Seiten näher vorgestellt.

# Ein Juwel des Backsteinbaus
## Kloster Lüne

Das im Jahr 1172 gegründete Kloster Lüne ist ein weiterer Meilenstein in der Backsteinarchitektur Lüneburgs und unbedingt einen Besuch wert. Das Gebäudeensemble, bestehend aus der Klosterkirche, der Barbara-Kapelle, einem dreiarmigen Kreuzgang und zwei Wohnflügeln, ist bei einem Neubau in den Jahren 1374–1412 entstanden.

Trutzig, mit rot leuchtenden Dächern und hinter Bäumen versteckt liegt das **Kloster Lüne** im nördlichen Teil Lüneburgs, wenige Minuten vom Zentrum entfernt. Das Kloster ist eine Oase der Ruhe und Schönheit und bietet in seinen gotischen Backsteingebäuden, Höfen sowie im Rosen- und Kräutergarten zahlreiche Winkel zum Innehalten. Das Kloster wurde 1172 gegründet. Seit 1272 lebten hier Benediktinernonnen, für deren kostbare Textilarbeiten das

**Wo:** Kloster Lüne, Am Domänenhof, 21337 Lüneburg
**Wann:** 1. April–15. Oktober Di–So (montags und Karfreitag geschlossen), Führungszeiten sind der Homepage zu entnehmen; Textilmuseum: Di–Sa 10.30–12.30 Uhr und 14.30–17 Uhr, sonn- & feiertags 11.30–13 Uhr und 14.30–17 Uhr
**Infos:** Tel. 04131/52318, www.kloster-luene.de

Der Handstein: Das Wasser des gotischen Brunnens fließt seit 600 Jahren.

Über dem Kreuzgang liegt das Dormitorium. Vom Mittelgang führen Türen in die ehemaligen Schlafkammern der Benediktinerinnen.

Kloster berühmt ist. Das Kloster erlebte zwei verheerende Brände und einen Neuaufbau im Jahr 1372. Seit damals und nach einigen Erweiterungsbauten in den Folgejahren hat es sein heutiges Aussehen. 1711 wurde das Kloster adeliges evangelisches Damenstift. Heute ist eine vornehme Herkunft kein Kriterium mehr, um in den nach wie vor bestehenden Frauenkonvent aufgenommen zu werden.

Das Innere des Klosters ist nur im Rahmen einer Führung zu besichtigen. Sie ist in jedem Fall zu empfehlen, denn es werden dabei auch sonst nicht zugängliche Räume gezeigt. Über die Brunnenhalle betritt man das Kloster. Das Wahrzeichen des Klosters ist der sogenannte Handstein, ein seit 600 Jahren sprudelnder gotischer Brunnen. Sehenswert ist die „Uhlenflucht", die die früheren Nonnenzellen beherbergt, in denen die Nonnen, umgeben von wunderschönen Wandmalereien, auf Strohsäcken schliefen. Ebenfalls mit prächtigen spätgotischen

Wandmalereien ausgestattet ist das Refektorium, der frühere Speisesaal der Nonnen. Im Kapitelsaal zeigt eine Bildergalerie die Äbtissinnen, die bislang im Kloster gewirkt haben. Ein fast mystischer Ort ist der Kreuzgang mit seinen farbenprächtigen Glasfenstern.

Die **Klosterkirche** wurde 1410 geweiht, sehenswert sind der geschnitzte Propststuhl, die Barockorgel, das Taufbecken und der gotische Altaraufsatz. Der Nonnenchor zeigt ein Beweinungsbild von Lucas Cranach dem Älteren.

Eine wahre Schatzkiste ist das seit 1995 angeschlossene **Textilmuseum**. Es zeigt die wertvollen Stickereien und andere Textilarbeiten der Nonnen und Stiftsdamen. Ganze Bildteppiche, kostbare Altar- und Fastentücher, Banklaken und Abendmahlsdecken – die ältesten aus dem 13. Jahrhundert – sind hier zu bewundern.

Auch draußen in den Gärten und auf der Streuobstwiese lässt es sich gut verweilen. Das Kloster liegt direkt an der Fahrradroute „Backsteintour", die auf einem 20 Kilometer langen Rundweg ab

Das Kloster Lüne liegt am nordöstlichen Stadtrand Lüneburgs im Grünen und ist nicht nur von innen ein idyllischer Ort. Auch die Streuobstwiese und der Kräutergarten sind sehenswerte Anlagen.

Lüneburg über Bardowick zu den schönsten aus Backstein erbauten Sehenswürdigkeiten in der Umgebung führt (siehe auch Seite 104, Bardowick).

Ein Café im Kloster und weitere Restaurants in der Nähe des Klostergeländes bieten sich für eine kulinarische Verschnaufpause an.

# Frauenkloster mit berühmter Weltkarte

## Kloster Ebstorf

**Kloster Ebstorf** wurde um 1160 von Prämonstratensermönchen gegründet, seit 1529 ist es ein evangelisches Frauenkloster. Idyllisch im Schwienautal gelegen, circa 26 Kilometer südlich von Lüneburg, ist das Kloster beeindruckendes Zeugnis mittelalterlicher Baukunst.
Das vollständig erhaltene Klostergebäude, der Kreuzgang und die große Hallenkirche mit der Nonnenempore stammen aus dem 14. Jahrhundert, sie wurden im Stil norddeutscher Backsteingotik gebaut. Nur die Propstei ist etwas älter, sie wurde Ende des 15. Jahrhunderts erbaut. Auf dem Weg durch das Kloster fallen die wunderschönen Buntglasfenster im Kreuzgang auf, die mittelalterlichen Glasfenster im Nonnenchor sowie Truhen und Schränke aus dem 12. Jahrhundert. In der **Klosterkirche** sind das über 700 Jahre alte bronzene Taufbecken und die Renaissance-Kanzel sehenswert, ebenso Madonnenstatuen und Standfiguren, die Christus, die Apostel und den Klosterpatron Mauritius darstellen.
Besondere Berühmtheit erlangte das Kloster durch den Fund der **Ebstorfer Weltkarte**. Diese mit fast 13 Quadratmetern größte und bedeutendste mittelalterliche Weltsicht wurde wahrscheinlich im Kloster Ebstorf auf Pergamentpapieren angefertigt, jedenfalls wurde sie hier 1830 in einer Abstellkammer entdeckt und nach ihrem Fundort benannt. Sie zeigt die Welt als Scheibe, mit den im Mittelalter bekannten Ländern und Jerusalem als Mittelpunkt; getragen und umspannt wird die

**Wo:** Kloster Ebstorf, Kirchplatz 10, 29574 Ebstorf
**Wann:** 1. April–15. Oktober Di–Sa 10–11 Uhr und 14–17 Uhr, So und an kirchlichen Feiertagen um 11.15 Uhr und 14–17 Uhr;
16.–31. Oktober Einlass Di–So um 14 Uhr, montags, gründonnerstagnachmittags und Karfreitag geschlossen; das Kloster ist nur im Rahmen einer Führung zu besichtigen
**Infos:** Tel. 05822/2304, www.kloster-ebstorf.de

Die Ebstorfer Weltkarte, die im 1943 verbrannten Original einen Durchmesser von etwa 3,57 Metern hatte, kann im Kloster Ebstorf nur noch als Reproduktion bewundert werden. Sie entstand wohl um 1300 und veranschaulicht in einzigartiger Weise das historische, mythologische und theologische Wissen ihrer Zeit von der Beschaffenheit der Welt, die hier als Scheibe dargestellt wird.

Welt von der Figur Jesu. Das Original stammt aus dem 13. Jahrhundert. Während des Zweiten Weltkriegs war sie zu Forschungszwecken im Hauptstaatsarchiv in Hannover, wo sie bei einem Bombenangriff im Jahr 1943 verbrannte.

Auch das Außengelände mit Klostergarten und der Friedhof mit seinen alten Grabsteinen sind einen Spaziergang wert.
Das Kloster ist heute ein Ausgangspunkt für verschiedene Pilgerwege wie zum Beispiel den „Schöpfungsweg“ und den „Auferstehungsweg“.

# Wellness und Badevergnügen

## Salztherme Lüneburg

Während die Auswirkungen der jahrhundertelangen Salzgewinnung auf die Gebäude der Altstadt den Stadtoberen und Einwohnern eher die Sorgenfalten auf die Stirn treiben, so sorgt das weiße Körnchen in der **Salztherme Lüneburg** für Spaß und Wohlbefinden. Die Therme am Kurpark, von den Lüneburgern auch kurz „SaLü" genannt, ist ein Spaß- und Erlebnisbad mit großem Sauna- und Kurmittelbereich. In den Schwimmbecken wird die gesundheitsfördernde Sole in unterschiedlicher Konzentration eingesetzt. Im Außenbecken mit zwei Prozent Sole kann man sich von kräftigen Wasserfontänen den Rücken massieren lassen, durch den Strömungskanal treiben oder in einer kleinen Grotte dem Wasserfall beim Plätschern zusehen. Im 32 Grad warmen Sole-Entspannungsbecken schweben die Schwimmer bei bis zu vier Prozent Salzgehalt geradezu an der Wasseroberfläche – Entspannung pur. Ein großes Wellenbad sorgt für Nordsee-Feeling, und die besondere Attraktion, nicht nur für Kinder, ist die 90 Meter lange Riesenrutsche. Das Kinderbecken ist mit kleinerer Rutsche und vielen Spielmöglichkeiten auf die Bedürfnisse der Kleinsten abgestimmt.

Die Saunalandschaft ist auf einen kleinen und einen großen Saunabereich verteilt. Eine große Bandbreite an Bädern wird geboten, Eukalyptussauna, Dampfbad, Kaminsauna, Finnische Sauna, Finnische Saunastube und Salzsauna. Diverse Spa-, Fitness- und Relaxangebote im Wellnessbereich sorgen für ein entspanntes Urlaubsgefühl. Ein Highlight ist dabei das Floatarium: Mit musikalischer Untermalung oder ohne entspannt man in einer großen

**Wo:** Salztherme Lüneburg, Uelzener Straße 1–5, 21335 Lüneburg
**Wann:** Bade- und Saunawelt Mo–Sa 10–23 Uhr, sonn- und feiertags 8–21 Uhr, Kassenschluss 1 Stunde vor Ende der Öffnungszeiten
**Infos:** Tel. 04131/7230, www.salue.info

Außenbecken, Wellenbad, Kinderbecken und eine große Saunalandschaft sorgen für entspanntes Bade- und Wellnessvergnügen.

Muschel in Lüneburger Starksole, wobei man das Gefühl hat zu schweben.
Die Sole wird in der Hansestadt schon lange zur Förderung der Gesundheit eingesetzt, 1820 wurde das erste Badehaus in der heutigen Lindenstraße gebaut. In Sole-, Mineral-, Schwitz- und Dampfbädern wurden Badetherapien für Kranke angeboten. Das Badehaus erwies sich um die Jahrhundertwende als zu klein und war überdies Abgasen der benachbarten Saline ausgesetzt. 1907 wurde ein neues Kurzentrum mit Bade- und Kurhaus, Trinkhalle und Gradierwerk eröffnet. Über 60 Jahre lang erlebte das Kurzentrum Glanzzeiten und eine wechselvolle Geschichte. Trotz guter Heilerfolge und der sehr guten Qualität der Lüneburger Sole lohnte es sich Anfang der 1970er-Jahre anscheinend nicht mehr, die Gebäude grundlegend zu renovieren, denn Badehaus und Kurhaus wurden abgerissen. 1973 folgte die Eröffnung des neuen Kurzentrums mit Sole- und Moorbad, Bewegungsbad, Wellenbad und Sauna. Weitere Renovierungen in den Folgejahren sorgten für das Angebot und das Erscheinungsbild der heutigen Salztherme Lüneburg.

# Wandelgang und Kurparkmuschel

## Der Lüneburger Kurpark

Südlich vom Stadtzentrum, direkt hinter der Salztherme, befindet sich der **Kurpark**. Er wurde im Jahr 1906 zwischen der Uelzener Straße und der Soltauer Straße angelegt und von den Landschaftsarchitekten Gebrüder Sießmeyer im Stil englischer Landschaftsparks gestaltet. Der 23 Hektar große Park ist ein schönes Ziel zum Spazierengehen, um im Café zu sitzen oder sich auf den weiten Wiesen auszustrecken, zu picknicken oder Sport zu treiben. Er wird von Familien, Studenten, Alt und Jung gleichermaßen genutzt und bietet schöne gärtnerische Anlagen mit teilweise über 100 Jahre altem Baumbestand. Rhododendren, Kräutergarten, Rosengarten und ein Kneipp-Bereich bieten viel Abwechslung und zusätzliche Anreize. Im nördlichen Teil des Kurparks freuen sich vor allem Familien mit Kindern über den Springbrunnen, der im Sommer gerne zum Plantschen genutzt wird.

Im Zentrum des Parks steht die Kurparkmuschel mit Wandelgang, die seit 2012 durch ein Café bereichert wird, dessen Betreiber in der Sommersaison Veranstaltungen, Konzerte, Open-Air-Kino und Ähnliches organisieren.

Angrenzend gibt es einen großen, schattigen Kinderspielplatz und ein Gradierwerk. Es wurde, ebenso wie der Wandelgang, bereits 1907 errichtet und in den 1920er-Jahren erneuert. Beide Bauten stehen unter Denkmalschutz. Das Gradierwerk ist Labsal für die Lungen: Aus einer circa fünf Meter hohen, aus verzweigtem Geäst bestehenden „Mauer“ strömt, tropft und sprüht feinste

**Wo:** Kurpark, Uelzener Straße 1–5, 21335 Lüneburg
**Was:** Café am Kurpark
**Infos:** Tel. 04131/7993904, www.cafe-im-kurpark.de

Blick auf den nördlichen Kurpark. Im südlichen Abschnitt gibt es eine Spiel- und Tobewiese für Hunde. Im nördlichen Teil liegen die Kurparkmuschel, verschieden Gärten, das Café und ein schöner, großer Spielplatz.

Sole. Direkt davor laden Bänke dazu ein, den gesunden Salznebel einzuatmen und dabei vielleicht ein Buch zu lesen oder einfach zu entspannen.
Im hinteren, südlichen Teil des Kurparks befinden sich eine Minigolfanlage und Tennisplätze.

Direkt am Kurpark liegen zwei Hotels: Das „Seminaris“, ein großes Vier-Sterne-Hotel mit Bademantelgang zum benachbarten Kurzentrum, sowie das kleinere, gemütliche „Park-Hotel“.

# Wege entlang der Ilmenau
## Wilschenbruch

Der Wilschenbruch ist der kleinste, südöstlich gelegene Stadtteil Lüneburgs. Das Villenviertel grenzt an ein großes Waldgebiet, den Tiergarten, den die Lüneburger ebenfalls einfach Wilschenbruch nennen. Der Wald ist mehr als 300 Hektar groß und das ganze Jahr hindurch beliebtes Ziel von Wanderern, Joggern und Radfahrern. Durch den Wilschenbruch schlängelt sich das Flüsschen Ilmenau, an dessen Ufern kleine idyllische Wege entlangführen. Auch der insgesamt 120 Kilometer lange Ilmenauradweg verläuft hier auf einem Teilstück und informiert über die Besonderheiten des hiesigen Naturschutzgebiets.
Im Wilschenbruch spielte außerdem der Lüneburger Sport Klub, kurz LSK, in seinem eigenen Stadion. Der Verein musste Insolvenz anmelden – mit seinem letzten Spiel im März 2014 endeten über 110 Jahre Lüneburger Fußballtradition.
Ein schöner Spaziergang beginnt an der B 4 bei der Amselbrücke, die in den Wilschenbruch hineinführt. Hinter der Brücke biegt man gleich nach rechts in den Wald ab und folgt dem Weg immer geradeaus, bis er nach einer Weile direkt an der Ilmenau entlang verläuft. Noch ein Stück weiter führt rechter Hand die Teufelsbrücke über den Fluss. Hat man diese überquert, geht es geradeaus durch die Wiesen der Ilmenauniederung, bis sich der Weg teilt. Rechts geht es zwischen Schrebergärten und Auen zurück zum Ausgangspunkt. Dieser Weg dauert insgesamt eine knappe Stunde. Wer etwas länger unterwegs sein möchte, biegt an der Weggabelung nach links ab und folgt dem Weg bis zur Holzbrücke

**Was:** Restaurant, Café, Bootsfahrten
**Wo:** Forsthaus Rote Schleuse, Rote Schleuse 1, 21335 Lüneburg
**Infos:** Tel. 04131 /793 17, www.rote-schleuse.de
**Was:** Camping, Wohnmobilstellplätze, Caravans
**Wo:** Campingplatz Rote Schleuse, Rote Schleuse 4, 21335 Lüneburg
**Infos:** Tel. 04131/791550, www.camproteschleuse.de

Die Ilmenau entspringt in der südlichen Heide im Landkreis Uelzen, fließt durch Lüneburg hindurch und mündet im Landkreis Harburg bei Hoopte schließlich in die Elbe. Sie ist ein beliebtes Ausflugsziel für Jogger, Radfahrer und Wanderer.

am Hasenburger Bach. Hinter der Brücke geht es links weiter bis zum Forsthaus „Rote Schleuse“, das sich für eine Kaffee- oder Mittagspause anbietet.
Gegenüber des Forsthauses Rote Schleuse befindet sich ein gleichnamiger Campingplatz. Ausgestattet mit Badeteich und kleinem gemütlichen Bistro mit deftiger Hausmannskost, ist er beliebte Anlaufstelle für Camper und Radfahrer.

Sie gelangen zum Ausgangspunkt zurück, wenn Sie sich auf dem Weg hinter dem Forsthaus bei einer größeren Kreuzung rechts halten. Kurz darauf werden Sie kleine Teiche sehen. Biegen Sie hinter dem zweiten Teich schräg rechts ab und gehen ab dort immer geradeaus. Dieser Weg dauert gut 90 Minuten.

# Ausflugsziele rund um Lüneburg

# Mittelalterliche Wanderwege
## Lüneburger Landwehr

Nördlich und westlich von Lüneburg umschließt ein grüner Gürtel mit historischem Ursprung die Stadt: Die **Lüneburger Landwehr**, einst mittelalterliche Wehranlage, ist heute ein kilometerlanger baumbestandener Wall, der zum Spazierengehen und Radfahren einlädt. Die Landwehr wurde 1397 gebaut, ihr einziger Zweck war, reisende Händler daran zu hindern, Lüneburg zu umfahren. Daran hatte die Stadt ein lebhaftes wirtschaftliches Interesse.

Alter Wehrturm beim ehemaligen Hotel „Zur Hasenburg", wo die Alte Landwehr beginnt.

Fünf Jahre zuvor, 1392, hatte die Stadt das sogenannte Stapelrecht verliehen bekommen. Durchreisende Händler waren verpflichtet, gegen eine Gebühr ihre Waren drei Tage lang in der Stadt zu „stapeln" und anzubieten. Damit die Händler nicht auf Umwegen um die Stadt herumfuhren, errichteten die Lüneburger die Landwehren. Sie bestanden aus mehreren hintereinander gelagerten Wällen und mit Wasser gefüllten Gräben, die sich in einem Ring um die Stadt zogen. Es gab keine Möglichkeit, dieses Hindernis mit Fuhrwagen zu überwinden. An den wenigen Durchlässen der Landwehr wurde der Stapelzins kassiert.

Die Alte Landwehr ist die am besten erhaltene. Sie beginnt beim Hasenburger Bach im Süden und erstreckt sich über die Orte Reppenstedt und Vögelsen bis nach Bardowick im Norden. Sie hatte ehemals nur drei Durchlässe mit Schlagbaum. Sie wurden von kleinen Türmen und Wasserburgen gesichert. Die Hasenburg am südwestlichen Ortseingang von

Die Landwehren waren seit dem Mittelalter ein bewährtes System, um fahrende Händler zu zwingen, in die Stadt hineinzufahren anstatt sie zu umfahren. Die mächtigen Erdwälle, teilweise durchzogen von Wasserläufen, verliefen rings um die Stadt und hatten nur einige wenige Durchlässe. In Lüneburg galt das Stapelrecht, das den Kaufleuten vorschrieb, ihre Waren mindestens drei Tage lang in der Stadt zum Kauf anzubieten. Dafür kassierte die Stadt Stapelzins.

Lüneburg ist der einzige noch erhaltene Wehrturm.
Die Neue Landwehr wurde 1478 im Osten Lüneburgs erbaut, ist aber nur noch rudimentär vorhanden.
Die gesamte Landwehr war ursprünglich 25 Kilometer lang, an vielen Stellen ist sie noch heute zu erkennen. Im Zuge der sich verändernden politischen Situation wurde die Alte Landwehr an die Stadt verpachtet. Erst Mitte des 19. Jahrhunderts wurde das Stapelrecht aufgehoben und die Landwehren bedeutungslos. Ein schöner, gut erhaltener Teil befindet sich auf sechs Kilometer Länge zwischen Reppenstedt und Bardowick. Starten Sie Ihren Spaziergang oder Ihre Radtour beim Brockwinkler Weg kurz vor dem Gut Brockwinkel bei Lüneburg. Durch lichten Laubwald führt der ausgeschilderte Weg mitten auf dem Wall bis nach Bardowick.

# Radtour durchs Mittelalter
## Bardowick

Das etwa acht Kilometer nördlich von Lüneburg gelegene **Bardowick** ist eine kleine Ausflugsperle, die in jedem Fall einen Besuch lohnt. Der Flecken, erstmalig im Jahr 795 erwähnt, ist einer der ältesten Orte Niedersachsens. Bis ins 12. Jahrhundert war Bardowick ein bedeutender Handelsort und mächtiger als die alte Salzstadt Lüneburg. Mit der Regierungszeit von Heinrich dem Löwen begann der Machtverlust der Stadt. 1189 ließ der Herzog von Sachsen den Ort zerstören. Heute verleiht das teils durch mittelalterliche Gebäude, teils durch bäuerliche Höfe geprägte Erscheinungsbild dem Ort einen Charme, den man sich gut an einem Nachmittag erschließen kann.

Am schönsten ist es, sich Bardowick per Fahrrad zu nähern. Starten Sie Ihre Tour in Lüneburg bei der Tankstelle Beckmann hinter der Kreuzung Auf der Hude/Am alten Eisenwerk. Auf dem alten Treidelpfad radeln Sie direkt am Ufer des Flüsschens Ilmenau in Richtung Norden. Auf diesem Pfad wurden einst Handelsschiffe vom Land aus die Ilmenau entlanggezogen („getreidelt"). Nach kurzer Zeit liegt Lüneburg hinter Ihnen und weiter geht es entlang blühender Gärten, Wiesen und Felder. Die ersten Bardowicker Blumen- und Gemüseplantagen sind in Sicht, auf der Ilmenau schaukelt ein Hausboot und mitunter sieht man Angler am Ufer sitzen. Das Bardowicker Gemüse gibt es auf dem Lüneburger Wochenmarkt und im Ort selbst auch direkt vom Hof zu kaufen. Bereits von Weitem grüßen die Türme des gotischen **Bardowicker Doms St. Peter und Paul**, das Wahrzeichen des Ortes. Passieren Sie nun die Schleuse und verlassen Sie den Treidelpfad bei der Brücke. Von hier aus geht es nach links in den Ort. Folgen Sie hier entweder

**Wo:** Samtgemeinde Bardowick, Schulstraße 12, 21357 Bardowick
**Infos:** Tel. 04131/120127, www.bardowick.de; Kartenmaterial zur Backsteintour gibt es bei der Lüneburg Marketing GmbH, Tel. 0800/2205005, www.lueneburg.info
**Highlights:** Mühlenfest am Pfingstmontag; Erntedankfest im September

Die Holländerwindmühle wurde nach langem Widerstand des Lüneburger Michaelisklosters 1813 gebaut. Das Kloster befürchtete Absatzeinbußen für seine eigene Abtsmühle. Erst unter dem Einfluss des französischen liberalen Gewerberechts, dem Nordostniedersachsen während der Franzosenzeit 1810 bis 1814 unterstellt war, konnte die Mühle errichtet werden.
Noch heute wird in ihr Korn gemahlen und zu Brot und Kuchen verarbeitet. Die Köstlichkeiten werden im Hofladen und Mühlencafé verkauft.

den Ausschilderungen zu den Sehenswürdigkeiten oder dem „Bardowicker Pfennig“, einer nachgebildeten mittelalterlichen Münze, die auf 13 Schautafeln die Geschichte des Ortes erläutert.
Im 8. Jahrhundert gründete Karl der Große den Bardowicker Dom, der jedoch nicht, wie die Bezeichnung vermuten lässt, Bischofssitz wurde. Die Zerstörung des Ortes Bardowick durch Heinrich den Löwen hinterließ auch am Dom Spuren. Die ältesten heute noch sichtbaren Gebäudeteile sind der romanische Westteil mit Vorhalle, die beiden Türme und das sogenannte Paradies, in dem Taufen durchgeführt wurden. Die heutige Hallenkirche wurde zwischen 1380 und 1485 im Stil der Backsteingotik erbaut. Im Innern des Doms sind das bronzene Taufbecken von 1367 und das geschnitzte Chorgestühl aus dem 15. Jahrhundert besonders sehenswert, ebenso der

Der Bardowicker Dom St. Peter und Paul, dessen Ursprünge auf das 8. Jahrhundert zurückgehen. Nach der Zerstörung Bardowicks durch Heinrich den Löwen 1189 erfuhr der Dom weitere Umbauten. Neben den Amtshandlungen ist er heute regelmäßig Austragungsort für Konzerte.

prächtige Altar mit Marienfigur von 1430. Im Dom finden regelmäßig Konzerte statt.
Von hier aus sind es ein paar Minuten bis zur Holländerwindmühle, die 1813 errichtet wurde. Sie ist eine der wenigen gewerblich betriebenen Windmühlen in Deutschland und kann jeden Pfingstmontag, während des Deutschen Mühlentags, besichtigt werden (oder nach Voranmeldung). Mühlenbrot und andere Köstlichkeiten gibt es im angeschlossenen Laden zu kaufen.
Aus dem gewonnenen Mehl wird leckerer Kuchen gebacken, der im ausgebauten Mühlencafé verspeist werden kann. Ein weiteres Café in der Mühlenstraße, die „Kaminstuuv“, lockt mit sensationell großen Tortenstücken und einem hübschen Cafégarten.
Wenn Sie nach diesem Genuss noch nicht müde geworden sind, sollten Sie unbedingt dem Nikolaihof einen Besuch abstatten. Diese beeindruckende mittelalterliche Spitalanlage wurde 1251 als „das Haus der armen Kranken“ urkundlich erwähnt. Sie diente

Besonders schön ist es, im Frühling und Sommer auf der Backsteintour von Lüneburg nach Bardowick zu radeln, wenn die Obst-, Gemüse- und Blumenfelder in und um Bardowick in voller Blüte stehen.

Der Nikolaihof, eine mittelalterliche Spitalanlage.

Die kleine, heimelige Kapelle auf dem Nikolaihof.

zunächst der Unterbringung von Leprakranken und ab dem 14. Jahrhundert als Altenheim. Ehepaare lebten dort getrennt, daher gab es ein Männer- und ein Frauenhaus, die im 17. beziehungsweise 18. Jahrhundert neu gebaut wurden und heute noch erhalten sind. Zu der Anlage gehört auch eine Backsteinkapelle aus dem 14. Jahrhundert.

# Schiffsfahrstuhl aus Beton

## Schiffshebewerk Scharnebeck

In Scharnebeck, ein paar Kilometer nordöstlich von Lüneburg, kommen Schiff- und Technikbegeisterte auf ihre Kosten. Am Elbe-Seitenkanal ist inmitten der flachen grünen Landschaft mit dem **Schiffshebewerk Scharnebeck** eines der größten Hebewerke Europas zu bewundern. Es wurde 1974 erbaut und gilt als ein Wunderwerk der Technik. Über den ebenfalls 1974 fertiggestellten Elbe-Seitenkanal fahren die Schiffer in die Anlage hinein. In zwei riesigen, über 100 Meter langen Wassertrögen werden Fracht- und Sportschiffe über eine Höhe von 38 Metern befördert. 5700 Tonnen wiegt ein Trog, doch das Herablassen dauert nicht länger als drei Minuten. Jährlich sind es etwa 21 000 Schiffe, die das Schiffshebewerk passieren. Das Spektakel kann von zwei Besucherplattformen aus verfolgt werden. Nervenkitzel gibt es bei den Hebebesichtigungsfahrten, die von einer Reederei angeboten werden. In einer Ausstellungshalle können sich Interessierte eingehend über das Schiffshebewerk informieren.

Ein Besuch kann auch sehr gut mit einer Radtour verbunden werden, der ausgeschilderte Radweg „Elbetour" bietet einen 80 Kilometer langen Rundweg über Bleckede, Lauenburg und Lüneburg.

In Sichtweite des Schiffshebewerks lockt ein Klettergarten in einem Buchenwald zu weiteren Aktivitäten. In luftiger Höhe können sich Wagemutige auf verschiedenen Parcours, im freien Fall und beim Fliegen von Baum zu Baum beweisen.

Das Schiffshebewerk Scharnebeck ist Teil des Elbe-Seitenkanals. Es bietet modernen Frachtschiffen die Möglichkeit, einen Höhenunterschied von 38 Metern zu überwinden.

**Wo:** Verkehrsverein Samtgemeinde Scharnebeck e. V., Marktplatz 1, 21379 Scharnebeck, Tel. 04136/90721, www.scharnebeck.de

**Highlights:** Ein Hebevorgang mit der Barkasse Uhu II sowie Schifffahrten von Lauenburg nach Scharnebeck. Siehe Serviceteil im Anhang.

**Infos:** Tel. 04136/90721, www.scharnebeck.de

9551063
DECIN
MN 7304

# Mit Rad und Kanu unterwegs

## Auf und an der Ilmenau entlang

Der Fluss Ilmenau schlängelt sich gleich durch drei Landkreise der Lüneburger Heide: Uelzen, Lüneburg und Harburg. Im südlichen Uelzen fließen die Gerdau und die Stederau zur Ilmenau zusammen, die weiter über Bad Bevensen und Bienenbüttel bis nach Lüneburg führt. Im nördlichen Abschnitt mündet sie bei Hoopte in der Nähe von Winsen in die Elbe. Der Fluss ist ein beliebtes Ziel für Radler und Kanuten. Zwischen Uelzen und Lüneburg weist die Ilmenau eine angenehme Strömung auf, sodass auch ungeübte Kanufahrer die reizvolle Strecke verhältnismäßig leicht bewältigen können. Ein kürzerer Streckenabschnitt beginnt südlich von Lüneburg zwischen Melbeck und Deutsch Evern; Einstiegsstelle ist bei der Melbecker Straße. Auf circa sechs Kilometern gleiten Canadier- und Kajakfahrer auf der ruhigen, idyllischen Ilmenau entlang. In Lüneburg lässt es sich gut bei „Schröders Garten", einem Biergarten, anlegen.

Wer lieber an Land unterwegs ist, kann per Rad den einladenden **Ilmenauradweg** entlangfahren. Auf einer Länge von 120 Kilometern führt er von Bad Bodenteich südlich von Uelzen über Lüneburg bis nach Hoopte an der Elbe. Das Besondere an dem Radweg ist seine Einrichtung als sogenannter Naturerlebnisradweg: Bereits vorhandene Wege wurden als Radwege gestaltet und mit Informationstafeln versehen. Sie geben Auskunft über die Schönheiten des Naturschutzgebiets Ilmenau mit seinen teils seltenen Pflanzen und Tieren. Zu den Tafeln gibt es Rätsel und Aufgaben für Kinder. Die Informationstafeln sind zudem vertont und können als Audio-Podcasts nützliche Reisebegleiter sein.

Nicht immer verläuft der Radweg direkt an der Ilmenau entlang. Aus Umweltschutzgründen wurden keine neuen Radwege gebaut, sondern bereits vorhandene Wege genutzt, die teilweise abseits des Flusses führen.

Die Route führt meist, aber nicht immer am Fluss entlang, was der Radtour jedoch keineswegs den Reiz nimmt. Der Ilmenauradweg ist durchgehend ausgeschildert und eignet sich auch zum Fahren von Teilstrecken. Genügend Raststellen, Schutzhütten, Einkehr- und Übernachtungsmöglichkeiten sind vorhanden, falls Radler die komplette Tour fahren möchten.

**Infos:** www.ilmenauradweg.de.
Kanuverleih siehe Service-Adressen im Anhang.

# Lebendige Kurstadt in der Heide
## Bad Bevensen

Knapp 30 Kilometer südlich von Lüneburg liegt die kleine Kurstadt Bad Bevensen. Inmitten der waldreichen Umgebung im sanfthügeligen Ilmenautal gelegen, hat sich der Ort als Kurstadt einen Namen gemacht. Das **Thermal-Heilbad** ist Hauptanziehungspunkt für zahlreiche Kurgäste und bietet mit Jod-Sole-Therme, römisch-finnischem Balneum, Saunalandschaft, Spa und Vitalcenter Entspannung für Körper und Seele. In großzügigen Schwimmbecken, überdacht und unter freiem Himmel, ziehen die Schwimmer ihre Bahnen.

Kuren hat hier Tradition. Seit 1929 hat Bevensen den Status einer Stadt, seit 1975 darf sich der Ort „Heilbad" nennen. Mit den Jahren entstand das Kurviertel, das mit Kurkliniken, -heimen und Hotels einen Rundumservice für Genesende und Gesundheitsbewusste bietet.

An das Kurviertel schließt sich der schöne, weitläufige **Kurpark** an. Mit seiner naturnahen Gestaltung lädt er auf zwölf Hektar zum Flanieren und Verweilen ein. Anlagen des Parks sind zum Beispiel der Park der Sinne mit begehbarem Spiegelkaleidoskop, Klangsäule und Wirbel-Strudelspirale, der Sonnenuhrgarten mit Europas größter Sonnenuhr und die Kurparkpromenade am See. Hier bieten Pergola, breite Sandsteinterrassen und gemütliche Holzliegen eine ideale Gelegenheit zum Ausruhen. Der Kurpark ist Schauplatz für diverse Konzerte, den jeweils im August stattfindenden großen Töpfermarkt und weitere Veranstaltungen.

**Wo:** Bad Bevensen Marketing GmbH, Dahlenburger Straße 1, 29549 Bad Bevensen

**Highlights:** Musik im Kloster, Feste und Märkte wie zum Beispiel der Töpfermarkt im Kurpark, Thermeplus-Card (Freier Eintritt in die Therme bei gebuchter Übernachtung) u.v.m.

**Infos:** Tel. 05821/570, www.bad-bevensen-tourismus.de

Der Kurpark in Bad Bevensen ist mehr als ein nur eine Erholungsfläche: Mit seinem Park der Sinne, einer der größten Sonnenuhren Europas und vielen kulturellen Veranstaltungen bietet er jede Menge Anregungen. Er liegt zwischen der Fußgängerzone der Stadt und dem Kurviertel und außerdem direkt an der Ilmenau.

Über die Brückenstraße am südlichen Ende des Parks gelangt der Besucher direkt in die Fußgängerzone der Altstadt. Kleine Geschäfte, gemütliche Cafés und Fachwerkhäuser sorgen für entspanntes Kurstadt-Flair.

In der näheren Umgebung von Bad Bevensen liegen einige reizvolle Ziele, so etwa ein Stück echte Lüneburger Heide am südlichen Stadtrand in Klein Bünstorf. Gartenfreunde kommen im **Arboretum Melzingen** auf ihre Kosten, wo auf 17 000 Quadratmetern fast 900 verschiedene Pflanzen und Gehölze zu finden sind. Mit den **Frauenklöstern Medingen** und **Ebstorf** (Seite 92) gibt es bei Bad Bevensen zwei bedeutende Heideklöster zu besichtigen.

# Heidschnuckenweg, Moore und Wälder

## Naturpark Südheide und Lüneburger Heide

Im Spätsommer versprüht die einzigartige Landschaft der Lüneburger Heide durch das kräftige Lila der Heideblüten (Caluna vulgaris) ihre ganz besondere Schönheit.

„Die“ Lüneburger Heide breitet sich vor allem rund um den Wilseder Berg aus – diese Annahme existiert bei manchen Besuchern, bevor sie die eigentliche Weite der Landschaft und die Größe des Gebiets kennenlernen. Tatsächlich erstreckt sich die Region der Lüneburger Heide über die Landkreise Harburg, Lüneburg, Uelzen, Heidekreis (Soltau-Fallingbostel), Celle, Lüchow-Dannenberg und Gifhorn. Die sogenannte Nordheide wird im Norden durch Buchholz begrenzt und im Süden durch die reizvolle Fachwerkstadt **Celle**, eine Strecke von immerhin 113 Kilometern. Im Westen reicht das Gebiet von Visselhövede und Schneverdingen über noch einmal knapp 100 Kilometer bis nach Bad Bevensen. Nicht überall gibt es hier Heideflächen – auch wenn die Heide das namensgebende Merkmal der Region ist, sind ebenso Moore und Wälder typisch für diesen Landstrich, nicht zu vergessen die malerischen Dörfer mit ihren imposanten Hofanlagen.

Seit einiger Zeit können Wanderfreunde die Lüneburger Heide auf einem besonderen Weg erkunden. Im Juli 2012 wurde der 223 Kilometer lange neue Wanderweg **Heidschnuckenweg** eingeweiht. Dieser zertifizierte Qualitätswanderweg führt zwischen Heideflächen in der Nord- und Südheide von Buchholz durch das

Fachwerkhäuser und Turm der Stadtkirche St. Marien in der Altstadt von Celle.

**Wo:** Lüneburger Heide GmbH, Wallstraße 4, 21335 Lüneburg
**Infos:** Tel. 04131/298980801, www.lueneburger-heide.de, www.naturpark-lueneburger-heide.de

Schäfer mit Heidschnucken in der Lüneburger Heide. „Schnucken" bedeutet knabbern oder naschen, und die Heide ist für die Schafe ein echter Leckerbissen. Die Tiere sind die Landschaftsgärtner der Heide und sorgen für ihren Erhalt, ebenso wie das „Plaggen", bei dem die Heidepflanzen kontrolliert verbrannt werden.

**Naturschutzgebiet Lüneburger Heide** bis nach Celle. Wanderer können aus 14 Tagesetappen zwischen einer Länge von sieben und 26 Kilometern oder auch individuell für sie passende Strecken auswählen. Die Fachzeitschrift „Wandermagazin" hat den Heidschnuckenweg 2013 als einen der drei schönsten Wanderwege Deutschlands gekürt.
Gleich zwei Naturparks laden in der Heide zu einem Besuch ein. Im südlichen Teil (nördlich von Celle) ist dies der **Naturpark Südheide**, der mit malerischen Dörfern wie etwa Müden an der Örtze – einem der schönsten Heideorte in der gesamten Region – sowie mit Mooren und Wäldern lockt. Eindrucksvoll ist der Wacholderwald bei Schmarbeck; im Herbstnebel kann er mit seinen knorrigen Wacholdern fast unheimlich wirken. In der dünn besiedelten, verkehrsarmen Landschaft finden Naturliebhaber auf schönen Rad- und Wanderwegen

Mit der Kutsche fahren gehört zu einem Ausflug in die Heide einfach dazu. In wohl keiner anderen Region gibt es ein so großes Angebot. Die Kutscher wissen viel Interessantes über die Landschaft zu erzählen. Eine Liste der zertifizierten Kutschbetriebe und die Abfahrtsorte finden Sie auf www.kutsche-lueneburger-heide.de.

ihr Glück und begegnen vielleicht sogar Seeadlern, Schwarzstörchen und anderen seltenen, hier heimischen Tieren.

Nordwestlich davon breitet sich der jüngere und größere der beiden Parks, der **Naturpark Lüneburger Heide**, aus. Ursprünglich war er identisch mit dem Naturschutzgebiet Lüneburger Heide und damit wesentlich kleiner als heute. Im Jahr 2007 wurde er um das Vierfache seiner Fläche erweitert und umfasst nun stattliche 107 000 Hektar. Er reicht von Buchholz in der Nordheide bis Schneverdingen im Westen und Soltau im Süden. Im Osten grenzt er bis an die Tore von Lüneburg. Leicht welliges Land, durchsetzt mit Wäldern, stillen Flussläufen, archäologischen Fundstätten, mittelalterlichen Kirchen und mächtigen Niedersachsenhöfen, animiert zu ausgedehnten Touren durch diese einzigartige, von Menschenhand geschaffene Natur- und Kulturlandschaft.

# Heideromantik pur
## Wilsede und Undeloh

Wen es nach einem echten, konzentrierten Heideerlebnis dürstet, der fährt am besten nach Undeloh. Der kleine Ort mit 400 Einwohnern liegt direkt im Naturschutzgebiet und bietet eine Ansammlung schmucker Heidehöfe – einige davon reetgedeckt –, historischer Schafställe, Findlingsmauern und alter Hofeichen. Die Magdalenenkirche aus dem 12. Jahrhundert mit freistehendem Glockenturm lohnt einen Besuch.
Gediegene Restaurants und Cafés verführen mit typischen Heidjergerichten wie der berühmten Buchweizentorte, Heidschnuckenbraten und anderen Spezialitäten zum Schlemmen. In dem kleinen Heide-Erlebniszentrum mit angeschlossenem Café und Museumsladen erfahren die Besucher Wissenswertes über die Entstehung der Heide und ihre tierischen Pfleger – die Heidschnucken. „Schnucken“ bedeutet „knabbern“: Durch das Verbeißen der Heidepflanzen sorgen die Tiere dafür, dass die Heide gut gedeiht und wächst.
In der Saison stehen auf den Plätzen der weitläufigen Hofanlagen Kutschen bereit, um die vielen Gäste direkt in das Heidegebiet zu fahren. Von den gut informierten Kutschern gibt es dazu gratis jede Menge Geschichten und Anekdoten. Autos sind hier nicht zugelassen. Per Kutsche – und genauso gut zu Fuß – geht es ins 3,5 Kilometer entfernte Wilsede.
Im 16. Jahrhunderts gab es dort nur vier Bauernhäuser. Natürlich sind im 20. Jahrhundert noch ein paar Häuser hinzugekommen, doch der 40-Seelen-Ort hat sich seine Beschaulichkeit bewahrt.
Es lohnt ein Besuch des Museums „Dat ole Huus“. Der 1742 erbaute Heidehof hatte ursprünglich in Hanstedt gestanden und wurde 1907 nach Wilsede versetzt. Seitdem zeigt das Museum Einblicke

**Wo:** Verkehrsverein Undeloh und Umgebung e. V., Zur Dorfeiche 27, 21274 Undeloh
**Infos:** Tel. 04189/333, www.undeloh.de

Rund um den Wilseder Berg ist die durch Waldrodung entstandene Heidelandschaft in besonderer Pracht zu bewundern.

in das mitunter harte und karge Leben und Arbeiten der Heidebauern um 1850.
In jedem Fall sollte eine kurze Wanderung auf den **Wilseder Berg** eingeplant werden, mit 169 Metern die höchste Erhebung der Heideregion. Weit schweift der Blick ins Land, und bei klarem Wetter soll die Sicht bis zu den Hamburger und Lüneburger Kirchturmspitzen reichen.
Wanderern ist unbedingt zu empfehlen, die Hauptpfade auch einmal zu verlassen. Zwischen Undeloh und Wilsede beispielsweise führt direkt hinter Undeloh ein Weg nach links durch das Radenbachtal (ein Streckenabschnitt des Heidschnuckenwegs). Folgt man ihm, so gabelt er sich nach ein paar Kilometern und führt rechts weiter Richtung Wilsede und zurück nach Undeloh. Wunderschöne Ausblicke, Stille und Bänke zum Ausruhen belohnen für circa zwölf Kilometer Fußmarsch.

# Das Herz der Heide
## Naturschutzgebiet rund um Wilsede

Ein ganz besonderes Fleckchen Erde ist das Naturschutzgebiet der Lüneburger Heide. Es umfasst über 23 000 Hektar und dehnt sich über Handeloh im Norden, Egestorf im Osten und Schneverdingen und Bispingen im Süden aus. Von Lüneburg aus sind es nach Undeloh, einem der Hauptorte, gute 30 Minuten mit dem Auto. Hatte man die Heide bis ins 18. Jahrhundert als „öde, dürre Strecke“ und „ungeheure Sandwüste“ charakterisiert, kam es ab dem 19. Jahrhundert zu einer Neubewertung. Bald galt die Landschaft als freundlich, ja malerisch. Das aufkommende touristische Interesse mündete in Begehrlichkeiten wie etwa dem geplanten Bau von Siedlungen im **Totengrund** – heute eines der schönsten Ziele im Naturschutzgebiet. 1909 gründete sich der „Verein Naturschutzpark e. V.“ und begann, sich um die Heideflächen im heutigen Naturschutzgebiet zu kümmern. Einer der wichtigsten Protagonisten dabei war der Egestorfer Pastor Wilhelm Bode, auch bekannt als „Heidepastor“, der sich unermüdlich für den Erhalt der Heideflächen einsetzte. Der Naturschutzverein verhinderte die Bebauung, Aufforstung und den Umbruch der Landschaft zu Ackerland; er ist heute Eigentümer von mehr als einem Drittel der Naturschutzgebietsfläche.

Bereits 1922 wurde ein 21 Quadratmeter großes Gebiet unter Naturschutz gestellt, 70 Jahre später hat sich die Schutzfläche auf 324 Quadratmeter ausgeweitet. Das Ergebnis dieser Bemühungen kann sich sehen lassen: eine weitläufige, leicht wellige Landschaft, in den Monaten August und September rosa bis kräftig lila leuchtend, durchsetzt mit knorrigen, schlanken Wacholderbüschen. Birken säumen die Wege, hier und da fallen alte Schafställe, Treppenspeicher und Bienenkörbe ins Auge.

Am Rande des 169 Meter hohen Wilseder Bergs und unweit von Wilsede erstreckt sich über eine 30 Hektar große Fläche der Totengrund. Dieser eiszeitlich entstandene Kessel, der heute mit Heidekraut und Wacholderbüschen bewachsen ist, gehört zu den bekanntesten Landschaftsteilen in der Lüneburger Heide.

In den Monaten der Heideblüte geht es hier äußerst lebhaft zu: Besucher kommen in Scharen und erkunden das Gebiet zu Pferd, zu Fuß oder per Rad. Das Befahren der Wege mit Autos ist nicht erlaubt und auch nicht nötig. Jede Menge Kutschen sind unterwegs, auf Bestellung für Reisegruppen, aber auch als Linienverkehr für Einzelne. Da heißt es, rechtzeitig einen Platz zu ergattern. Die Kutscher sind untereinander gut vernetzt und wissen meistens, in welcher Kutsche noch jemand mitfahren kann. Auch in den anderen Monaten ist die Heide ein Erlebnis. Zwar blüht sie dann nicht, doch die Landschaft ist von ganz eigenem Reiz, beispielsweise an einem klaren Wintertag oder im Frühling, wenn die Birken ihr erstes Grün zeigen.

# Heideblütenschönheit und Moor
## Schneverdingen mit Pietzmoor

Westlich der Autobahn A 7, eine knappe Autostunde von Lüneburg entfernt, liegt am südlichen Rand des Naturparks Lüneburger Heide die kleine Heidestadt Schneverdingen. Wie sehr die Menschen hier das Plattdeutsche pflegen, belegen die doppelsprachigen Ortsschilder: das Hochdeutsche steht neben dem Niederdeutschen. Auch in den Straßen hört man häufig Niederdeutsch. Der hübsche Ort ist ganz auf Urlauber zur Heideblüte – und auch außerhalb davon – eingerichtet. Immerhin 30 Prozent des 234 Quadratmeter großen Stadtgebiets gehören zum Naturschutzgebiet Lüneburger Heide.

Reichlich Heide und Gelegenheit zum Wandern gibt es im Landschaftsschutzgebiet Höpen vor den Toren der Stadt. Ein Augenschmaus ist der Heidegarten am Anfang des Höpen. Das große, im Jahr 1990 fertiggestellte Rondell zeigt 150 verschiedene Heidesorten mit etwa 150 000 Pflanzen. In sämtlichen Schattierungen zwischen hellrosa und dunkelviolett leuchtet das Heidekraut und bringt den Betrachter ins Grübeln, welche Sorte die schönste sei. Direkt neben dem Heidegarten steht ein alter Schafstall, in dem in der Saison zünftige „Schäferabende" veranstaltet werden.

Die Gemeinde organisiert diverse Unternehmungen für ihre Gäste, von geführten Wanderungen über Kutschfahrten bis hin zum alljährlichen Höhepunkt, dem Heideblütenfest. Schneverdingen wetteifert mit Amelinghausen darum, das größte und schönste Fest der Region zu veranstalten. Wer lieber allein unterwegs ist, dem stehen zu Fuß, zu Pferd oder per Rad zahlreiche Möglichkeiten offen.

Ein Muss ist der Besuch des **Pietzmoors** an der Hebererstraße

**Wo:** Schneverdingen Touristik, Rathauspassage 18, 29640 Schneverdingen
**Highlight:** Die zweistündigen, geführten Wanderungen, die eine Besichtigung des Heidegartens einschließen. Organisiert von der Gemeinde.
**Infos:** Tel. 05193/93800, www.schneverdingen-touristik.de

Der prächtige Heidegarten im Landschaftsschutzgebiet Höpen befindet sich nur wenige Gehminuten vom Stadtzentrum Schneverdingen entfernt und begeistert mit seinem aufwändig und liebevoll gestalteten Pflanzenrondell, in dem etwa 80 000 Heidepflanzen wachsen, das ganze Jahr über.

bei Schneverdingen. Eine Wanderung durch dieses 8000 Jahre alte Hochmoor ist zu jeder Jahreszeit ein ungewöhnlich schönes Naturerlebnis. Auf Stegen aus Holzbohlen führt ein rund fünf Kilometer langer Weg durch eine bizarre Moorlandschaft mit dunklen Gewässern, aus denen totes Gehölz und Grünpflanzen ragen. Von Heide keine Spur, dafür gibt es im Frühling die zarte Wollgrasblüte zu bewundern. Im Sommer sonnen sich Eidechsen auf den Holzstegen, und im Herbst und Winter legen sich Nebel oder Raureif auf die Birken. Informationstafeln erklären anschaulich die Geschichte des Moors bis heute. Etwa die Hälfte des Rundwegs verläuft auf den schmalen Stegen, der Rest der Strecke auf festem Sandweg und zum Schluss durch karge Wiesen. Im Restaurant Schäferhof am Ausgangsort wartet ein Kaffee oder ein kühles Getränk auf den Spaziergänger.

# Heimische Tierwelt zum Anfassen

## Wildparks Lüneburger Heide und Schwarze Berge

Gleich zwei Wildparks in der Lüneburger Heide laden zu einem ausgedehnten Ausflug ein. In der Nähe von Rosengarten bei Hamburg-Harburg ist der **Wildpark Schwarze Berge** beheimatet, weiter südlich zwischen Hanstedt und Garlstorf liegt der **Wildpark Lüneburger Heide**. Vor allem Familien mit Kindern besuchen die Parks und bestaunen manch wilde Tiere: Bären, Elche und Wölfe. In abgeteilten Streichelzoos und Freigehegen lassen sich kleine Ziegen geduldig streicheln, während Damwild mit Spezialfutter gelockt werden kann. In den Parks haben über 100 verschiedene Tierarten ihr Zuhause, darunter auch solche aus Nord- und Südamerika und seltene Haustierrassen.

Waldkauz (Strix aluco) im Wilpark Schwarze Berge.

Während eines Rundgangs durch den Park stößt man immer wieder auf nicht nur bei Kindern beliebte Angebote wie zum Beispiel „Show-Füttern“, anschauliche Vorträge

**Wo:** Wildpark Schwarze Berge, Am Wildpark 1, 21224 Rosengarten-Vahrendorf
**Wann:** April–Oktober 8–18 Uhr, November–März 9–17 Uhr
**Infos:** Tel. 040/81977470, www.wildpark-schwarze-berge.de
**Wo:** Wildpark Lüneburger Heide, Wildpark 1, 21271 Nindorf-Hanstedt
**Wann:** 1. März–31. Oktober 8–19 Uhr (Kasse 17.30 Uhr), 1. November–28. Februar 9.30–16.30 Uhr (Kasse 15.30 Uhr)
**Infos:** Tel. 04184/89390, www.wild-park.de

über Tiere direkt vor deren Gehege oder Greifvogel-Shows, bei denen Raubvögel mit drei Metern Flügelspannweite ebenso spektakulär wie friedlich dicht über die Köpfe der Zuschauer segeln. Beide Parks befinden sich auf waldigem Gelände mit Aussichtstürmen und -plattformen, die wunderbare Ausblicke ins Weite gestatten. Überall gibt es Rastplätze für mitgebrachtes Picknick und auch Einkehrmöglichkeiten, zum Beispiel in der „Elch-Lodge“ im Wildpark Lüneburger Heide oder der Kunsthandwerkerhalle im Wildpark Schwarze Berge. Regelmäßig finden Herbstmärkte, Nachtwanderungen, Schafschur-Feste, Ferienprogramme und vieles mehr statt.

Allerlei Hilfsmittel in den Parks machen den Ausflug für die ganze Familie angenehm. So können am Eingang Elektromobile oder Bollerwagen ausgeliehen werden, in denen der Nachwuchs und das

Ein besonderes Erlebnis im Wildpark Schwarze Berge sind die täglichen Flugschauen von der Falknerei Thomas Wamser, die Lehrreiches zum Verhalten der Tiere vermittelt.

Picknick transportiert werden können. Automaten mit Wildfutter sorgen für Nachschub beim Füttern, und Spielgeräte entlang der Wege bieten immer wieder kleine Abwechslungen. Am Ende der Parkrundgänge locken große Spielplätze – hier kommen selbst müde gewordene Kinder noch einmal ins Toben. Die Großen verschnaufen derweil bei einer Tasse Kaffee auf Bänken oder in Cafés direkt vor den Spielplätzen.

# Mit Vögeln und Giraffen auf Augenhöhe

## Serengeti-Park und Vogelpark Walsrode

Hier werden Sie nach Afrika versetzt. Im Serengeti-Park in Hodenhagen können Sie über 1500 freilaufende Tiere beobachten. Gehen Sie auf Dschungel-Safari oder erleben Sie ein Abenteuer in luftiger Höhe im Hochseilgarten.

Ganz besonders „tierisch" geht es im **Serengeti-Park** in Hodenhagen zu. Der Park vermittelt echtes Safari-Feeling: Man fährt mit dem eigenen Pkw oder dem Serengetibus durch das 120 Hektar große Gelände und erlebt dabei 1500 Tiere, von denen viele sonst nur auf anderen Kontinenten in freier Wildbahn zu sehen sind. Freigehege für Löwen, nachgebaute „Landschaften" wie afrikanische Savannen, russische Tundren oder amerikanische Prärien sorgen für Überraschungen und Nervenkitzel. Nashörner trotten bis an den Bus heran, Giraffen äugen neugierig ins Fahrzeuginnere, Tiger und sogar furchterregend bemalte Stammeskrieger schleichen durch das Gras. In der „Affenwelt" sind die Besucher auf Tuchfühlung mit über 200 Affen. Weitere Einrichtungen wie die „Wasserwelt", „Freizeitwelt" oder „Aqua-Safari" sorgen für Spaß beim Ausprobieren von Wildwasserbahn, Riesenschiffsschaukel und vielen weiteren Attraktionen.

**Wo:** Serengeti-Park, Am Safaripark 1, 29693 Hodenhagen
**Wann:** April–Oktober; wetter- und saisonbedingte Schließzeiten
**Infos:** Tel. 05164/97990, www.serengeti-park.de
**Wo:** Vogelpark Walsrode, Am Vogelpark, 29664 Walsrode
**Wann:** 22. März–9. November täglich ab 10 Uhr; wetter- und saisonbedingte Schließzeiten
**Infos:** Tel. 05161/60440, www.weltvogelpark.de

Neben den großen Freiflughallen und Gehegen ist es auch das schöne gärtnerisch gestaltete Gelände, das die Gäste bei einem Besuch im Vogelpark Walsrode genießen können. Dahlien, Rhododendren, Rosen und Tulpen sorgen für bunt blühendes Ambiente.

Im weltweit größten Vogelpark können Sie in einer der schönsten Parklandschaften Norddeutschlands über 675 verschiedene Arten bewundern. Besondere Attraktionen sind neben dem Freigelände (Foto) die Freiflughalle, das Kolibri-Haus und die Regenwaldhalle.

Der **Vogelpark Walsrode** ist ein Paradies für Vogelliebhaber. Über 4000 Vögel und 675 verschiedene Arten sind in der wunderschönen Parklandschaft zu Hause. Darunter sind sehr seltene Exemplare: der Andenkondor, der mit drei Metern zwanzig die größte Flügelspannweite der Welt besitzt, bedrohte Vogelarten wie Schneekraniche und Riesenadler, aber auch Pinguine, Loris und Graupapageien, die kreischend in den Bäumen hocken. Es ist ein Vergnügen, in dem farbenprächtigen Gelände umherzuwandern. Die Pflanzen, Bäume und Blumen sind so arrangiert, dass es zu jeder Jahreszeit irgendwo blüht. Das Rhododendron-Tal mit 120 verschiedenen Arten, bunte Tulpenfelder und zahlreiche Dahlien- und Rosenbeete machen den Ausflug, zusammen mit den ebenso farbenprächtigen Vögeln, zu einem Erlebnis für die Sinne. Und es gibt noch mehr: Flugshows, interaktive Fütterungen, Führungen oder einen Blick hinter die Kulissen beim Hobby-Tierpfleger-Tag.

# Norddeutschlands größter Freizeitpark

## Heidepark Soltau

Der **Heidepark Soltau**, Norddeutschlands größter Freizeit- und Vergnügungspark, hält eine Fülle an Attraktionen und Fahrgeschäften bereit, wofür unbedingt ein Tagesaufenthalt eingeplant werden sollte. Darunter sind beliebte Highlights wie der „Colossos", die größte und höchste Holzachterbahn Europas, oder das „Desert Race", das die Fahrgäste in 2,4 Sekunden von Null auf 100 Stundenkilometer katapultiert. Für echte Mutproben bietet sich der größte „Gyro-Drop-Tower" der Welt an, wo man den freien Fall aus 71 Meter Höhe ausprobieren kann; der Tower trägt den vielversprechenden Namen „Scream".

Der Park ist jedoch mehr als eine Ansammlung von Fahrgeschäften. In mehrere Areale unterteilt, bietet das Erlebnisangebot für jede Altersgruppe Spaß. So gibt es für die Größeren die Bucht der Totenkopfpiraten mit interaktiver Wasserschlacht, „Kraken-Horrorkabinett" und „Dive-Coaster", eine weitere Achterbahn mit freiem Fall. Die Kleineren vergnügen sich in der „Wichtelhausenbahn", bei einer Koggenfahrt oder in der „Bounty", einer riesigen Schiffsschaukel. Familiär geht es im Areal „Wild Wild East" zu, mit fast gemütlich erscheinenden Attraktionen wie Mountain Rafting, Wildwasserbahn oder Western-Riesenrad.

Die sensationelle Großattraktion „Krake" ist Deutschlands erster Dive Coaster. Seit 2011 rast man hier mit 103 Stundenkilometern in die Tiefe. Nichts für schwache Nerven!

**Wo:** Heide Park Resort, Heide Park 1, 29614 Soltau
**Wann:** 29. März–9. November
**Infos:** Tel. 0180/6919101, www.heide-park.de

Vom Café „Capitol“ haben Sie einen weiten Blick über den Heidepark. Im Hintergrund stellt die Loopingbahn „Big Loop“ am Ufer des großen Sees alles auf den Kopf. In der Mitte des Sees thront die originalgetreu nachgebaute Freiheitsstatue „Lady Liberty“.

Seit 2005 gibt es mit dem Holiday Camp und seit 2007 mit dem Hotel Port Royal die Möglichkeit, direkt im Heidepark zu übernachten. Das Holiday Camp mit seinen bunten, zweckmäßig eingerichteten Holzhäusern ist geeignet für junge Leute und Familien. Mit Aloha-Klängen, Kokosnussdüften und Sandstrand verströmt es karibisches Flair.

Das große Hotel Port Royal hingegen steht unter Piraten-Motto und bietet entsprechende Animation und sogar einen hauseigenen Piraten, der für verschiedene Anlässe gebucht werden kann.

# Heide-Highlights im Naturpark
## Bispingen

**Bispingen**, mit etwas über 6000 Einwohnern eine eher kleine Gemeinde, hat Großes zu bieten. Am südlichen Rand des Naturparks Lüneburger Heide gelegen, gibt es in direkter Nähe des Ferienorts eine ganze Reihe touristischer Vergnügen für kleine und große Besucher.
Da ist zunächst der Ferienpark „Center Parcs", der vor den Toren Bispingens in einem waldreichen, weitläufigen Gelände liegt. In dieser familienfreundlichen Ferienanlage kann man für ein Wochenende oder länger einen der Bungalows mieten, die verstreut zwischen den Tannen liegen. Sie sind Ausgangspunkt für Erkundungen des Geländes zu Fuß, per Rad oder mit den hauseigenen Rikschas.

Ein Haus steht Kopf: „Das verrückte Haus". Der obere Teil wurde auf herkömmliche Weise gebaut und anschließend gedreht. Das Erdgeschoss wurde in Fertigteilen montiert. Täglich von 11–19 Uhr geöffnet.

Aber auch ein Tagesbesuch des Parks lohnt sich. Es gibt zahlreiche In- und Outdoor-Sportangebote, und die subtropisch anmutende Kulisse des „Aqua Mundo" lädt zu einem wohlig-warmen Bad ein. Wildwasserbahn, Wellenbad, verschiedene Rutschen und eine große Saunalandschaft

**Wo:** Bispingen-Touristik e. V., Borsteler Straße 6, 29646 Bispingen
**Highlights:** Das verrückte Haus: Horstfeldweg 1, 29646 Bispingen, Tel. 0160/92192676, www.dasverruecktehaus.bispingen.de, täglich 11–19 Uhr; Center Parcs: Töpinger Straße 69, 29646 Bispingen, Tel. 05194/940, www.centerparcs.de; Ralf Schumacher Kart Center, In- und Outdoor-Kartbahn: Horstfeldweg 5, 29646 Bispingen, Tel. 05194/982050, www.rs-kartbahn.de.
**Infos:** Tel. 05194/39850, www.bispingen-touristik.de

Das Pfarrhaus der St. Antonius-Gemeinde in Bispingen liegt hinter der 1353 gebauten Feldsteinkirche „Ole Kerk“. Schauen Sie gerne vorbei und genießen Sie die Stille und besondere Atmosphäre der schönen Bauwerke.

sowie das Beauty- und Wellness-Center sorgen für Urlaubsgefühle, auch bei schlechtem Wetter.

Verkehrte Welt herrscht im Bispinger „verrückten Haus“. Ein an und für sich ganz normales Einfamilienhaus steht hier nämlich auf dem Kopf und kann genau so besichtigt werden. Auf zwei Etagen erleben Besucher den Wohnalltag aus der Handstandperspektive. Stühle, Tische, WC und Dusche hängen an der Decke, und zusätzlich hat das Haus eine Längs- und Querneigung von sieben Grad – eine Herausforderung für den Gleichgewichtssinn.

# Zwischen Kunst, Kitsch und Kuriositäten

## Heidekastell Iserhatsche

**Iserhatsche** in Bispingen ist ein Gesamtkunstwerk, das Sie sich nicht entgehen lassen sollten. Die Kombination aus Jagdvilla, Park und Kuriositäten-Kabinett lebt vom Einfallsreichtum des Besitzers Uwe Schulz-Ebschbach, der in der circa 23 Hektar großen Anlage seiner Sammelleidenschaft freien Lauf lässt. Die Reaktionen der Besucher reichen von Verständnislosigkeit bis zu Begeisterung – hohen Unterhaltungswert hat Iserhatsche allemal.

Die Jagdvilla selbst wurde 1913 im schwedischen Stil erbaut. Eigentümer war Ernst Noelle, Großvater von Elisabeth Noelle-Neumann. Ende der 1980er-Jahre übernahm der Berliner Malermeister Uwe Schulz-Ebschbach das Gebäude.

In der Jagdvilla finden sich prunkvolle Räume wie zum Beispiel das Biedermeier-Jagdzimmer, der Kamin-Trophäen-Raum mit Möbeln aus der Jahrhundertwende, der Spiegelsaal und das

Der wohl schönste Raum der Jagdvilla ist das Diana-Sanssouci-Zimmer, das eine klassische und nicht zu übertreffende Handwerksleistung veranschaulicht.

Diana-Sanssouci-Zimmer, in dem sich unter dem Esstisch ein ausfahrbares Keyboard befindet. Die Villa ist zwar ein Museum, zugleich aber auch das Wohnhaus von Schulz-Ebschbach.

Der Berliner hat nahezu alles in Eigenregie gestaltet, gemalt und gesammelt, von ihm stammen die Kunstwerke im Außengelände, die mitunter den Charakter einer kindlichen Märchenwelt haben. Etwa der künstliche Berg und Vulkan Montagnetto, der auf Knopfdruck Feuer speit. Oder im

**Wo:** Iserhatsche, Nöllestraße 40, 29646 Bispingen
**Wann:** April–Oktober tgl. 10–18 Uhr, November–März tgl. 11–16 Uhr
**Infos:** Tel. 05194/1206, www.iserhatsche.de

Der künstliche Berg und Vulkan Montagnetto ist ein beeindruckender ökologischer Multifunktionsbau als Großwasserfall, eingebunden in ein terrassiertes Seensystem. In ihm befinden sich zahlreiche besondere Räumlichkeiten wie die Brotbackofengrotte oder die ArachneRie, ein Spinnennetzdach.

Innern des Berges die mit 16 000 Flaschen größte Biersammlung der Welt und der prachtvoll-kitschige Saal Sala del Monte, der unter anderem für Trauungen genutzt werden kann. Der Barockgarten offenbart eine Sammlung von über 500 Sprüchen – Weisheiten wie „Es gibt kein großes Genie ohne einen Schuss Verrücktheit“ oder „Um Erfolg zu haben, muss man aus dem Wollen schöpfen“ sollen zum Philosophieren anregen. Im Barockgarten steht ein Glockenbaum aus Eisen, jede Glocke steht für ein Lebensjahr ihres Schöpfers Schulz-Ebschbach. Es überrascht nicht, dass der Glockenbaum auch Volkslieder abspielt. Für den Fall, dass er irgendwann das Zeitliche segnet, hat Schulz-Ebschbach bereits vorgesorgt. In der Bibliothek des Jagdschlosses steht, für jedermann sichtbar, ein Sitzsarg. Ausgestattet mit Handy.
Man kann ja nie wissen.

# Wege für die Sinne
## Barfußpark Egestorf

Ein Naturerlebnis mit Wellnesscharakter – so lässt sich ein Aufenthalt im **Barfußpark Egestorf** umschreiben, der Norddeutschlands größter Naturerlebnispark ist. Auf 14 Hektar wurden im Wald und auf Wiesen Wege aus verschiedensten Materialien angelegt. Barfuß und mit hochgekrempelten Hosen laufen die Besucher über Rinde, Gras und Kiesel, durch Moor, Lehm, Matsch und Wasser, ja sogar über Glasscherben. Der Park ist Balsam für gestresste Füße oder einfach nur ein sinnenfreudiges Erlebnis. Unter den Füßen knirschen, rascheln oder schmatzen die Naturböden, Heidekraut und Tannenzapfen kitzeln und pieken, kaltes Wasser eines Kneippbeckens prickelt an den Füßen.

Auf Glasscherben gehen, ohne sich zu schneiden.

Entlang des 2,7 Kilometer langen Rundwegs warten rund 60 Erlebnisstationen wie „Riechkästen", „Baumtelefon" oder „Kriechkästen" darauf, entdeckt zu werden. Ein Kräutergarten verströmt die Düfte von 40 verschiedenen Kräutern, deren Wirkung anschaulich erklärt wird. „Windharfe" und „Holzdendrophon" laden zum Ausprobieren von Klanghölzern ein, „Summsteine" lassen den Oberkörper vibrieren.

**Wo:** Barfußpark Egestorf, Ahornweg 9, 21272 Egestorf
**Wann:** 18. April–15. Oktober täglich von 9–18 Uhr
**Infos:** Tel. 04175/1516, www.barfusspark-egestorf.de

Erholung für die Füße: der Barfußpark Egestorf. Laufen Sie über Steine, Mulch, Rinde, Gras, Wasser, Erde, Kiesel, Sand, Lehm, Holz (Foto), Moor oder Glas, wie auf dem linken Bild zu sehen ist.

Am Ende des Wegs kann der Besucher sich mit Wasserschläuchen die Füße abspülen. Hier können zuvor auch die Schuhe für den Spaziergang sicher in Schließfächern aufbewahrt werden.
Kühlere Temperaturen sind kein Hindernis für einen Besuch des Barfußparks – die Füße werden bestens durchblutet und daher schnell wieder warm. Direkt neben dem Park liegt das „Aquadies“, ein sehr schönes Naturbad auf großem Gelände. Ein Besuch beider Einrichtungen lässt sich im Sommer bestens miteinander verbinden.

# Majestäten in der Heide
## Amelinghausen

**Amelinghausen – „Die Krone der Heide"**: Mit diesem selbst gegebenen Namen verheißt der hübsche, 25 Kilometer südwestlich von Lüneburg gelegene Ferienort echten Heideurlaub. Vor allem mit Aktivitäten in der Natur lockt die Gemeinde: Radwege, Nordic Walking-Routen, ein schönes Waldschwimmbad und viele Ausflugsmöglichkeiten liegen hier direkt vor der Haustür. Ein beliebtes Ziel ist der Lopausee, der sich leicht umwandern lässt. Tretboote können ausgeliehen werden und ein Hochseilgarten lädt zum Klettern ein. Zwar sind hier keine Heideflächen in der großen Ausdehnung wie im Naturschutzgebiet zu finden, es gibt sie aber in kleineren Varianten zu entdecken, zum Beispiel auf Wanderwegen mit klangvollen Namen wie „Königinnen-

Der Lopausee bei Amelinghausen ist mit Wander- und Nordic Walking-Wegen, einem Klettergarten und Einkehrmöglichkeiten ein beliebtes Ausflugsziel.

Weg", „Sagenhafter Hünenweg" und „Heide-Panorama-Weg". Auf durchschnittlich 13 Kilometern Länge führen sie durch die idyllische Heidelandschaft, vorbei an Schafställen, archäologischen Fundstätten und kleinen Flüssen. Eine für die Region bedeutende Nekropole ist die Oldendorfer Totenstatt, eine Grab- und Megalithanlage aus der Jungsteinzeit und Bronzezeit. Fundstücke aus den

**Wo:** Tourist-Information Amelinghausen, Marktstraße 1, 21385 Amelinghausen
**Highlights:** Heideblütenfestwoche: jedes Jahr Mitte August; Wahl der Heideblütenkönigin und des Heidebocks; Festumzug; Brennender See u.v.m. Infos unter www.heidebluetenfest.com
**Infos:** Tel. 04132/920943, www. amelinghausen.de

Das Amelinghausener Heideblütenfest im August ist eines der größten und schönsten der Region und wird seit über 60 Jahren von unzähligen Helfern mit viel Herzblut vorbereitet und ausgerichtet. Eine Woche dauern die Festlichkeiten an, die eine ganze Reihe an Höhepunkten zu bieten haben.

Gräbern mit der dazugehörigen Ausstellung „Wohnungen für die Ewigkeit. 5700 Jahre Oldendorfer Totenstatt" können im Archäologischen Museum Oldendorf besichtigt werden.
Weitere Heideflächen sind die Rehrhofer Heide und das Marxener Paradies, das mit einer schönen Landschaft seinem Namen gerecht wird und von der Kronsbergheide aus in circa 45 Minuten zu Fuß zu erreichen ist. Die Kronsbergheide ist stimmungsvoller Schauplatz für die Krönung der neuen Heidekönigin, die jedes Jahr im August während des Heideblütenfestes – eines der größten der Region – gewählt wird. Ein Jahr lang repräsentiert sie die Amelinghausener Region zu verschiedenen Anlässen und setzt beim nächsten Fest ihrer Nachfolgerin die Krone – natürlich aus Heide hergestellt – auf das Haupt.

# Traumnatur und Vogelparadies

## Niedersächsische Elbtalaue

Im Jahr 2002 hat der Niedersächsische Landtag das **Biosphärenreservat Niedersächsische Elbtalaue** eingerichtet. Die Auenlandschaft südöstlich von Hamburg reicht über eine Länge von 100 Kilometern von Lauenburg bis Schnackenburg. Sie ist Teil des von der UNESCO anerkannten Biosphärenreservats „Flusslandschaft Elbe“, das sich auf über 340 000 Hektar über mehrere Bundesländer erstreckt. Die Gründung des Biosphärenreservats Niedersächsische Elbtalaue ist ein gutes Beispiel dafür, dass sich Naturschutz und sanfter Tourismus als Ziele nicht ausschließen müssen. Es ist gerade die einmalige Natur, mit der diese Region punkten kann. Standardisierte Urlaubsformen für Massen von Menschen wären hier fehl am Platz.

Die Elbe bildete bis 1990 die Grenze zwischen den beiden Teilen Deutschlands. Grenzbezirke und ganze Ortschaften lagen abgeschottet und kaum zugänglich an dem Fluss. Aufgrund dieser politischen Ausnahmesituation und vielfältiger, mitunter sehr gegensätzlicher Landschaftselemente sowie klimatischer Bedingungen konnte sich hier ungestört eine Pflanzen- und Tierwelt entwickeln, die ihresgleichen sucht. Mehr als 1300 Pflanzenarten wurden nachgewiesen, rund 400 von ihnen stehen auf der Roten Liste Niedersachsens. Weite Wiesen, Marschen, grüne Flussufer und Deiche prägen das Gesicht der Elbtalaue. Eiszeitliche Talsande, Dünen, bis zu 70 Meter hohe, mit Wäldern bewachsene Gletschermoränen und Elbnebenflüsse durchziehen die Landschaft.

An manchen Tagen kann man den Eindruck gewinnen, es gäbe hier mehr Himmel als anderswo, und fast immer ist er von Vögeln bevölkert. Die Elbtalaue gilt als eines der bedeutendsten Vogelbrut- und Rastgebiete Niedersachsens, regelmäßig wird sie

**Wo:** Biosphärenreservatsverwaltung Niedersächsische Elbtalaue, Am Markt 1, 29456 Hitzacker

**Infos:** Tel. 05862/96730, www.elbtalaue.niedersachsen.de

Naturbelassene Auenlandschaft bei Stiepelse an Europas letztem unverbauten Strom, der Elbe. Das Biosphärenreservat Niedersächsische Elbtalaue reicht von Lauenburg bis nach Schnackenburg und weist eine einmalige Artenvielfalt auf.

zum Schauplatz beeindruckender Herbst- und Frühjahrszüge. Es ist ein Erlebnis, Tausende von Gänsen, Schwänen und Kranichen am Himmel oder auf den Feldern zu betrachten. Mit etwas Glück sind Graureiher, Rotmilane und Seeadler zu beobachten. Störche finden in den Feuchtgebieten genügend zu fressen, sodass hier durchschnittlich 100 Storchenpaare pro Jahr mit Erfolg ihren Nachwuchs großziehen. Nicht nur Vögel, auch Biber und Fischotter sind an der Elbe zu Hause, neben zahlreichen Arten an Kröten, Fröschen und Fischen sowie über 700 Schmetterlingsarten. Verträumte Ortschaften oder kleine Städtchen wie Bleckede und Hitzacker säumen die Elbe. Rad- und Wanderwege laden zum Entdecken der Natur ein, ebenso gibt es ein großes Angebot an organisierten Touren wie zum Beispiel Kanu- und Floßfahrten, geführte Wanderungen, Entdecker- und Mitmachaktionen für Kinder oder kulturelle und jahreszeitliche Feste.

# Radeln bis zum Horizont

## Der Elberadweg

Seit Jahren steht der **Elberadweg** auf der Beliebtheitsskala der Radfahrer ganz oben: Mitglieder des „Allgemeinen Deutschen Fahrradclubs" (ADFC) wählen ihn regelmäßig auf den ersten Platz der besten Radwege Deutschlands. Der Weg reicht von Cuxhaven an der Nordsee bis nach Bad Schandau kurz vor der tschechischen Grenze. Auf 840 Kilometern Länge schlängelt er sich einmal mehr, einmal weniger nahe an der Elbe entlang; die Elbufer sind beidseitig befahrbar und ausgeschildert.

Die Elbtalaue auf der nördlichen Route zwischen Hamburg und Hitzacker ist ein besonders reizvoller Abschnitt des Radwegs. Starten Sie zum Beispiel bei Lauenburg, wo Sie linkselbisch, also auf der westlichen Uferseite, bis Bleckede fahren können. Das Fachwerkstädtchen mit dem Biosphärium im ElbSchloss Bleckede eignet sich hervorragend für eine Radlerpause, aber auch sonst ist Bleckede einen Besuch wert (siehe Seite 143). Schön pausieren lässt es sich beispielsweise im Café Fritz im idyllischen Schlosshof des Biosphäriums. Wer etwas Zeit mitgebracht hat, sollte sich das Biosphärium, eine naturkundliche Ausstellung über das Leben an der Elbe, mit dem Elbe-Aquarium und dem Bibergehege anschauen.

Sie können anschließend Ihren Weg auf derselben Elbseite fortsetzen, wenn Sie jedoch in Bleckede mit der Fähre übersetzen, werden Sie mit besonderen Ausblicken belohnt. Die hier folgende Strecke Richtung Süden ist traumhaft schön und führt mitten durch die faszinierende Natur der Elbtalaue. Vom Radweg auf dem Deich haben Sie stets die Elbe im Blick, und sollte es einmal Gegenwind geben, nehmen Sie den windgeschützteren Weg direkt unterhalb des Deichs.

**Wo:** Koordinierungsstelle Elberadweg Nord, c/o Elbtalaue-Wendland Touristik GmbH, Am Markt 7, 29456 Hitzacker (Elbe)
**Infos:** Tel. 05862/969720, www.elberadweg.de

Radeln auf dem Deich bei Neu Bleckede. Der Elberadweg ist im Jahr 2013 zum achten Mal in Folge zum beliebtesten Radweg Deutschlands gewählt worden (Umfrage des ADFC). Von Scharnebeck bei Lüneburg können Sie entlang des Elbe-Seitenkanals bis nach Lauenburg radeln oder mit der Bahn dorthin fahren. Ab Lauenburg geht es auf einem schönen Teilabschnitt des Elberadwegs Richtung Süden, zum Beispiel bis nach Hitzacker.

Der Anblick von Störchen, die in aller Ruhe auf der Suche nach Essbarem in den Wiesen umherstolzieren, ist keine Seltenheit. Immer wieder führen Trampelpfade vom Deich hinunter zu kleinen Sandbuchten, die zum Strandpicknick und Ausruhen einladen. Große und kleine Schiffe tuckern den Strom entlang, und die andere Elbseite zeigt sich mit bewaldeten Höhenzügen.

Schon nach wenigen Kilometern erreichen Sie den urigen kleinen Ort Stiepelse. Das 800 Jahre alte Stiepelse präsentiert sich mit mächtigen, zur Elbe gewandten Häusern in grandioser Lage. Auch wenn man noch nicht lange unterwegs ist, locken in dem Ort gleich mehrere Cafés und Gasthäuser mit selbst gebackenem Kuchen, Räucherfisch und anderen Köstlichkeiten.

Weiter geht es über den sanft kurvigen Weg, immer wieder mit spektakulären Ausblicken auf die Elbe, weites grünes Elbvorland zur rechten und ab und zu malerische Gehöfte zur linken Hand.
In Neu Darchau haben Sie erneut die Möglichkeit, per Fähre auf die andere Elbuferseite zu wechseln.
Tipp: Bleiben Sie auf der bisherigen Seite und radeln Sie weiter bis nach Hitzacker. Auf dem Weg dorthin verdient der kleine Ort Konau-Popelau besonderes Augenmerk. Mit seinen großen, ungewöhnlich angeordneten Höfen weist er sich als „Marschhufendorf“ aus, außerdem war er zu DDR-Zeiten Sperrgebiet – manche der hier noch lebenden Einwohner wissen von früheren schweren Lebensbedingungen zu berichten. Heute ist Konau ein Ort der Ruhe und Schönheit inmitten der faszinierenden Elbtalaue. Mehr über Konau-Popelau lesen Sie ab Seite 149.
Bis zur nächsten Fähre sind es nur noch wenige Kilometer. Wenn Sie dort übersetzen, können Sie der hübschen historischen Elbestadt Hitzacker einen Besuch abstatten.
Die Strecke von Lauenburg bis Hitzacker ist 61 Kilometer lang. Von Hitzacker aus kann man mit der Bahn über Lüneburg nach Lauenburg zurückfahren, oder man übernachtet in Hitzacker.
Die vom Wasser umflossene Stadt hat schon manches Hochwasser überstanden. Hitzacker ist Fachwerkstadt, Kneipp-Kurort und auch geschichtlich und kulturell interessant. Das Freilichtmuseum „Archäologisches Zentrum Hitzacker“ erzählt von den Spuren erster Ansiedlungen vor über 4000 Jahren in der Region.
Bei der „Musikwoche Hitzacker“ und den „Sommerlichen Musiktagen Hitzacker“ kommen Freunde klassischer Musik auf ihre Kosten. Und sogar eine Weinkönigin wird hier jedes Jahr gekürt, denn Hitzacker ist im Besitz von Deutschlands nördlichstem Weinberg.

# ElbSchloss und Biosphärium
## Bleckede

Das kleine Fachwerkstädtchen Bleckede liegt direkt an der Elbe, der deutsch-deutschen Grenze von 1961 bis 1990. Die Stadt wurde im Jahr 1209 durch einen Sohn Heinrichs des Löwen, Herzog Wilhelm von Braunschweig und Lüneburg, gegründet und war lange Zeit Knotenpunkt für den regionalen Handel an der Elbe. Die Lage am Fluss bot ideale Voraussetzungen für eine Handelsstadt: Das 25 Kilometer entfernte Lüneburg konnte auch auf dem Landweg erreicht werden. Um 1270 wurde eine Wasserburg errichtet, von Gräben umschlossen und mit einem Turm versehen. Auf den Resten der Burg steht das heutige ElbSchloss, das ab 1561 in Welfenhand war. Herzog Ernst II. von Braunschweig-Lüneburg ließ im Jahr 1600 den Nordflügel des Schlosses im Fachwerkstil erbauen.

Die Kirche in Bleckede, erstmals 1272 erwähnt, wurde 1765 abgerissen und in den darauffolgenden zwei Jahren als heutige St. Jacobikirche im schlichten, spätbarocken Stil neu errichtet.

Seit 2002 beherbergt das Schloss die Tourist-Information und eine Ausstellung über die Natur und das Leben an der Elbe. Die Ausstellung befindet sich in dem im Barockstil gebauten Westflügel aus dem Jahr 1743 und in der angrenzenden ehemaligen Remise. 2011 wurde das Naturinformationszentrum erweitert und informiert seitdem als **Biosphärium Elbtalaue** ausführlich über die

**Wo:** Biosphärium Elbtalaue GmbH, Schlossstraße 10, 21354 Bleckede
**Wann:** April–Oktober Mo–So 10–18 Uhr,
November–März Mi–So 10–17 Uhr
**Infos:** Tel. 05852/951414, www.biosphaerium.de

Neugierige Blicke in eines der acht Becken der Aquarienlandschaft im Biosphärium. Von Aalen über Zander bis hin zu Stören wird hier die Artenvielfalt der Elbe gezeigt.

Vielfalt der Vogel- und Wasserwelt an der Elbe. Windmaschine, Vogelstimmenklavier, Aal-Spiel oder Überflutungsmodell laden zum Mitmachen und Ausprobieren ein. Von April bis Oktober können die Besucher über eine Webcam in die Kinderstube der Störche schauen, die Jahr für Jahr in Bleckede ihre Jungen großziehen. In der benachbarten früheren Remise sind eine Aquarienlandschaft und eine artgerechte Biberanlage untergebracht. Acht Aquarien zeigen Elbfische wie Stör, Wels und Aal und dokumentieren die Lebensbedingungen und die Vielfalt der hier heimischen Fischwelt. Ein Biberpaar tummelt sich entweder im Außengelände oder ist in seiner Höhle in der Biberburg zu beobachten.

Der mittelalterliche Schlossturm ist als Ruine erhalten geblieben. Von hier aus hat man aus luftiger Höhe einen fantastischen Rundblick über die Flusslandschaft.

Die Elbe mit ihren Seitenarmen im Naturschutzgebiet rund um Bleckede, das direkt hinter dem ElbSchloss beginnt, lädt zu ausgedehnten Wanderungen ein.

Der Schlosshof ist mit dem Café Fritz und einem kleinen Kinderspielplatz ein schöner Ort für eine Rast.

Direkt hinter dem ElbSchloss beginnt das **Naturschutzgebiet**. Ein Weg führt mitten hinein in die urwüchsige und traumhaft schöne Flusslandschaft. In einer circa 60-minütigen Wanderung geht es an Altarmen des Flusses entlang bis zum Heisterbusch. Einziges Gebäude ist hier eine Schäferei, die, nur wenige Meter von der Elbe entfernt, schon manche Jahrhundertflut überstanden hat. Hier bietet es sich an, im Café der Schäferei bei einer Tasse Tee oder Kaffee und vorzüglichem hausgebackenem Kuchen eine Pause einzulegen. Anschließend geht es entweder auf demselben Weg oder über den Deich bis zum Radegaster Haken wieder zurück zum ElbSchloss.

# Seltene Haustierrassen
## Archeregion in Amt Neuhaus

Relikt der DDR: Wachturm an der Elbe. Zwischen Bleckede und Darchau befinden sich der Grenzturm sowie einige Teile der ehemaligen DDR-Grenzanlage in Konau.

Das Amt Neuhaus, rund 30 Kilometer östlich von Lüneburg am rechten Ufer der Elbe gelegen, gehörte 1689 über Jahrhunderte zum Herzogtum Braunschweig-Lüneburg. Nach dem Zweiten Weltkrieg wurde es der sowjetischen Besatzungszone und später Mecklenburg-Vorpommern zugeordnet. Im Zuge der Wende wurde das Amt Neuhaus 1993 wieder in den Landkreis Lüneburg und das Land, zu dem es sich traditionell zugehörig fühlte, aufgenommen: Niedersachsen. Jahrelang im früheren deutsch-deutschen Grenzgebiet gelegen, mit der Elbe als scharf bewachte Trennlinie, war das Amt Neuhaus dünn besiedelt und blieb es auch nach der Wende.

Ein Segen war diese Abgeschiedenheit in jedem Fall für die Natur: Seltene Pflanzen und Tiere fanden hier Lebensraum und konnten sich ungestört ausbreiten. Dieser Artenreichtum hat sich bis heute bewahrt und wird gehegt und gepflegt, zum einen durch die Verwaltung des Biosphärenreservats Niedersächsische Elbtalaue, zum anderen durch Projekte wie die „Archeregion“, zu der Amt Neuhaus seit dem Jahr 2013 gehört.

**Wo:** Archeregion, Karten, Liste der beeteiligten Höfe, Informationen über Tierarten. Kontakt: Angelika Hoffmann, Elbstraße 22, 19273 Bitter, Tel. 0171/4143768, www.arche-region-elbe.de,

**Infos:** Flusslandschaft Elbe GmbH, Schlossstraße 10, 21354 Bleckede, Tel. 05852/9519880, www.erlebnis-elbe.de, www.amt-neuhaus.de

In der Archeregion an der Elbe haben sich Züchter zur Rettung bedrohter Nutztierrassen vereint. Die Lippegans etwa gilt als eine besonders marschfähige, leicht bewegliche Landgans, die regional herausgebildet wurde.

Unter ihrem Dach sind landwirtschaftliche Höfe versammelt, die sich für die Zucht und den Erhalt seltener und gefährdeter Haustierrassen einsetzen. Die Archehöfe findet man im Ort selbst und über die Grenzen der Gemeinde verstreut. Hier werden Tiere mit so schönen Namen wie „Pommersches Landschaf", „Buntes Bentheimer Schwein" oder „Leinegans" gehalten. Die Archeregion versteht sich keineswegs als Streichelzoo, sondern als Region für Nutztiere. Besucher können sich daher nicht nur über die Tiere informieren, sondern die Fleischprodukte kaufen und auf dem einen oder anderen Hof auch essen. In der Tourist-Information in Neuhaus gibt es einen Plan mit den Höfen und eine Ausstellung über das Projekt.

# Radeln zu Störchen und Dünen

## Radtouren durch Amt Neuhaus

Neben dem Elberadweg gibt es im Amt Neuhaus auch lohnenswerte kürzere Rad-Rundtouren. Im Frühling lässt sich zum Beispiel wunderbar durch ein Blütenmeer von Apfel-, Kirsch- und Pflaumenbäumen radeln – Amt Neuhaus ist bekannt für seine zahlreichen Obstbaumalleen. Nach Absprache mit der Gemeinde darf im Sommer und Herbst auch ein wenig geerntet werden. Zu den über 6000 Obstbäumen gibt es Obstlehrpfade mit Informationstafeln, die über die Vielfalt der Obstsorten informieren. Die Tourist-Information in Neuhaus hält Material für weitere Radrouten bereit, zum Beispiel die „Storchentour", die an Tierbeobachtungsstationen und zahlreichen Storchennestern entlang zur Storkenkate in Preten führt. Diese ist in einem Fachwerkhaus aus dem 17. Jahrhundert untergebracht und beherbergt die „Stork Foundation", ein Informationszentrum für den Storchenschutz.

Zu der Storkenkate in den Niederungen der Sude, einem kleinen Elb-Nebenfluss, gehört außerdem eine Herde von Auerochsen und Wildpferden. Führungen durch die Storkenkate und zu den Wildpferden werden nach Voranmeldung angeboten. Eine weitere Tour führt vom kleinen Ort Tripkau durch nahezu unberührte Natur bis zur Wanderdüne Stixe. Die Düne ist ein Relikt der letzten Eiszeit. Verschüttete Kiefern auf dem 9,5 Hektar großen Dünenzug zeugen noch heute von der Wanderbewegung des Sandes Richtung Osten. Ein kleiner Wanderweg mit Hinweistafeln auf der Düne veranschaulicht dieses seltene Naturphänomen.

**Wo:** Haus des Gastes, Am Markt 5, 19273 Amt Neuhaus
**Infos:** Tel. 038841/20747, www.amt-neuhaus.de, www.the-stork-foundation.org

# Marschhufendorf
## Konau-Popelau

Unter den sehenswerten historischen Elbedörfern nimmt das denkmalgeschützte Konau-Popelau eine besondere Rolle ein. Von westlicher Seite aus ist das Dorf per Fähre ab Bleckede oder Neu Darchau erreichbar. Direkt an der Elbe und der früheren Staatsgrenze gelegen, gehörte Konau-Popelau zum einstigen Sperrgebiet der früheren DDR. Dieses Schicksal teilte das Dorf mit anderen Elbranddörfern – es bedeutete zum einen den nahezu vollkommenen Entwicklungsstillstand der Orte und zum anderen kaum erträgliche Einschränkungen für die dort Lebenden. An die schwer vorstellbare Lebenssituation der Bewohner, die geprägt war von Wachtürmen, Sperrzäunen und Zwangsaussiedelungen, erinnern in Konau-Popelau heute die Ausstellung „Grenzgänge“ und ein Rundweg. In Popelau ist noch ein alter DDR-Wachturm zu sehen, ein weiterer steht in Darchau.

Im Kontrast zu der leidvollen Geschichte des Dorfes stehen der heutige Anblick und die Lage von Konau-Popelau. Die mächtigen Höfe am Deich und das weitläufige, grüne Elbevorland liegen friedlich am großen Strom.

Konau-Popelau ist ein sogenanntes Marschhufendorf, eine historische Siedlungsart, die aus Holland stammt. „Huf“ steht dabei für ein mittelalterliches Flächenmaß. Derartige Dörfer wurden in Norddeutschland ab dem frühen

**Wo:** Konau-Popelau, 19273 Amt Neuhaus
**Highlight:** Radtour entlang der Elbe, z. B. von Darchau bis nach Konau
**Infos:** Haus des Gastes, Am Markt 5, 19273 Amt Neuhaus,
Tel. 038841/20747, www.amt-neuhaus.de
**Anfahrt:** Von Lüneburg aus über die B 216 bis nach Neu Darchau fahren, dort mit der Fähre nach Amt Neuhaus übersetzen. Nach links über die Elbstraße bis nach Konau fahren.
Aus Hamburg kommend über die B 5 über Bergedorf und Lauenburg bis nach Boizenburg und dort über die B 195 bis nach Konau.

Stadttheater mit Ballett, Schauspiel, Opern und Musicals. Angeschlossenes Kinder- und Jugend theater.

*Theater im e.novum*
Munstermannskamp 1,
Tel. 04131/26611677,
www.theater-im-enovum.de
Kleines qualitativ hochwertiges Theater in privater Hand mit Erwachsenen-, Kinder- und Jugendensembles. Angeschlossene Theaterschule, in der mit Herzblut und Leidenschaft Talente gefördert werden.

*Kulturforum Gut Wienebüttel*
Gut Wienebüttel 1,
Tel. 04131/671355,
www.kulturforumlueneburg.de
Konzerte, Kabarett, Lesungen, (Kinder-)Theater u.v.m. in restaurierter Scheune und Gutsräumen am nordwestlichen Stadtrand.

*Vamos! Kulturhalle*
Scharnhorststr. 1,
Tel. 04131/7436351,
www.vamoskulturhalle.de
Konzerte, Vorträge, Comedy und jede Menge Partys in Lüneburgs Kult-Party-Location Nummer eins!

*Ritterakademie*
Am Graalwall 12, Tel. 04131/7436351, www.ritterakademie.de
Konzerte, Firmenveranstaltungen und Partys in stylishem Ambiente. In der Ritterakademie wurde vor Jahrhunderten der junge Adel des Fürstentums Lüneburg ausgebildet.

*Salon Hansen*
Salzstraße 1, Tel. 04131/778850,
www.salonhansen.org
Keller-Bar mit Kickertisch und Raucherbereich im Untergeschoss eines Lüneburger Einkaufszentrums. Partys, Konzerte, Slam-Poetry u.v.m. für ein überwiegend jüngeres Publikum.

*Filmpalast Lüneburg*
Fährsteg 1, Tel. 04131/3033222,
www.lueneburg.filmpalast-kino.de

*Scala Programmkino*
Apothekenstr. 17, Tel. 04131/2243224, www.scala-kino.net
Ambitioniertes Filmtheater mit vielen Auszeichnungen für bestes Programmkino.

**Parkplätze**
In der Stadt gibt es diverse Parkplätze und Parkhäuser.
Der Busparkplatz befindet sich an den Sülzwiesen (Am Bargen-

Tief ducken sich die Gehöfte hinter dem Deich im Marschhufendorf Konau-Popelau.

Mittelalter als Reihendorf entlang eines Wasserlaufs gebaut. Entsprechend gibt es kein Dorfzentrum in Konau-Popelau: Die reetgedeckten Zwei-Ständer-Hallenhäuser liegen wie eine Perlenkette parallel nebeneinander aufgereiht am Elbdeich, den Wohngiebel zum Deich und den Wirtschaftsteil zur Hofkoppel und zur Feldmark zeigend. An die Hofanlagen schließt sich der Landbesitz in Form langer Flurstreifen an.

Konau-Popelau ist weltweit das einzige vollständig erhaltene Marschhufendorf. Im Jahr 2000 wurde es EXPO-Projekt und mit seiner besonderen Geschichte einer breiten Öffentlichkeit vorgestellt.

# Anhang
## Serviceadressen

Hier finden Sie die wichtigsten Adressen auf einen Blick, alphabetisch geordnet. Museen, Restaurants etc., die bereits in den Kapiteln beschrieben wurden, sind hier nicht mehr aufgeführt.

### Anfahrt

*Mit dem Auto:*
Von Norden kommen Sie über die A 7 aus Richtung Kiel und über die A 1 aus Richtung Lübeck. Über die A 39 erreichen Sie schließlich Lüneburg. Aus östlicher Richtung (Berlin) geht es über die A 24, Abfahrt Zarrentien oder Hornbek. Aus dem Süden fahren Sie über die A 7 (Abfahrt Soltau-Ost, Weiterfahrt über die B209) oder die B 4.

*Mit der Bahn:*
Lüneburg liegt an der Hauptstrecke Hamburg – Hannover und ist mit dem ICE, IC sowie der Regionalbahn „Metronom" gut zu erreichen. Zum Hamburger Flughafen sind es ca. 70 Kilometer. Der Metronom fährt stündlich in 35 Minuten vom Hamburger Hauptbahnhof nach Lüneburg.

### Baden

*Freibad Hagen*
Schützenstraße 32, Tel. 04131/85630, www.salue.info
Schöne Freibad-Anlage im Osten der Stadt, mit Schwimmer- und Nichtschwimmerbecken, Kinderplantschbecken, Volleyballfeld, großem Spielplatz etc.
Freibadsaison 2014:
2. Mai–14. September 2014;
Montag–Freitag 6.30–20.30 Uhr,
Samstag, Sonn- und Feiertag
7.00–20.30 Uhr

*Naturbad Bardowicker Strand*
Im Kuhreiher 22, 21357 Bardowick, Tel. 04131/263215,
www.bardowicker-strand.de
Schönes Naturbad im Grünen, ca. acht Kilometer nördlich von Lüneburg. Das Wasser ist ohne chemikalische Zusätze und chlorfrei. Große Liegewiesen, Strandkörbe, Sandstrand.

*Naturbad Kirchgellersen*
Im Wiesengrund, 21394 Kirchgellersen, ca. zehn Kilometer westlich von Lüneburg.
www.naturbad-kirchgellersen.de

**Busfahrten**

In der Heideblütensaison fährt vom 2. August bis zum 27. September 2014 jeweils samstags ein Bus ab Lüneburg in die Lüneburger Heide. In Niederhaverbeck angekommen, haben die Gäste ein paar Stunden Zeit, um entweder eine Kutschfahrt zu unternehmen oder die Heide zu Fuß zu erkunden.
Infos und Buchung: Lüneburg Marketing GmbH, Rathaus/Am Markt, Tel. 0800/2205005 (kostenfrei), www.lueneburg.info

**Busverbindungen**

*KVG Lüneburg*
Große Bäckerstr. 18 (Glockenpassage), Tel. 04131/405303, www.kvg-lueneburg.de. Öffnungszeiten: Mo–Fr 9.30–17 Uhr

**Cafés**

*Markt-Café*
Bardowicker Straße 2, Tel. 04131/31507
Café am Marktplatz mit schönem Innenhof. Leckere frisch gebackene Torten und Kuchen (auch sonntags wird gebacken).

*Annas Café*
Am Stintmarkt 12a, Tel. 04131/8843181, www.annas-café.de
Kleines, gemütliches Café im Wasserviertel. Hausgemachte Kuchen, Torten, Marmeladen, Frühstück u.v.m.

*Café Hirsch*
Glockenstraße/Kl. Bäckerstr. 19, www.cafehirschlueneburg.de
Hell eingerichtetes Café im Vintagestil in der Fußgängerzone der Innenstadt.

**Camping**

*Campingplatz Rote Schleuse*
(siehe S. 98) In der Umgebung von Lüneburg, in der Heide und an der Elbe gibt es zahlreiche Campingplätze. Informationen unter www.lueneburg.info, www.lueneburger-heide.de und www.erlebnis-elbe.de

**Fahrradverleih**

*Rad am Bahnhof*
Bahnhofstr. 4, Tel. 04131/266350, www.radspeicher.de
Radverleih, Verkauf, Reparaturen und Rad-Parkhaus direkt am Bahnhof.

**Hotels**

Hier finden Sie eine Auswahl an Hotels in Lüneburg. Es gibt natürlich noch mehr. Die Tourist-Information der Lüneburg Marketing GmbH vermittelt Zimmer und

Ferienwohnungen in der Stadt und Umgebung.
Infos unter Tel. 0800/2205005, www.lueneburg.info

*Hotel Bergström*****
131 Zimmer, ab 119 €
Bei der Lüner Mühle, Tel. 04131/3080, www.bergstroem.de
Mitten im Wasserviertel gelegen mit Blick auf den Alten Hafen. Film-Hotel „Rote Rosen", Wellness, Restaurant, Café über dem Wasser u.v.m.

*Hotel Altes Kaufhaus****
83 Zimmer, ab 99 €
Kaufhausstraße 5, Tel. 04131/30880, www.altes-kaufhaus.de
Am Stintmarkt im historischen Hafen gelegen. Restaurant mit amerikanischer Küche.

*Hotel Seminaris*****
185 Zimmer, ab 91 €
Soltauer Straße 3, Tel. 04131/7130, www.seminaris.de
Hotel direkt am Kurpark, mit „Bademantelgang" zur benachbarten Salztherme. Restaurant, Tagungsangebote, u.v.m.

*Hotel Einzigartig*
9 Zimmer, ab 100 €
Lünertorstr. 3, Tel. 04131/4006000, www.hoteleinzigartig.de
Kleines Hotel in direkter Nähe des historischen Hafens. Moderne Zimmer im historischen Ambiente eines Hauses aus dem 16. Jahrhundert.

*Park-Hotel Lüneburg*
16 Zimmer, ab 57 €
Uelzener Str. 27, Tel. 04131/41125, www.parkhotel-lueneburg.de
Hotel am Kurpark, gemütliche und helle Zimmer, Cafégarten.

*Hotel Zum Roten Tore*
16 Zimmer, ab 64 €
Vor dem Roten Tore 3, 21335 Lüneburg, Tel. 04131/43041, www.zumrotentor.de.
Familiengeführtes Hotel , nur wenige Minuten zu Fuß in die Innenstadt. Regionale Spezialitäten im hauseigenen Restaurant.

**Kanuverleih**

*Heide-Kanu*
Marxener Straße 23, 21385 Oldendorf (Luhe), Tel. 04132/933933, www.heidekanu.de
Kanu fahren auf der Seeve, Ilmenau und Luhe.

*Kanu Aktiv*
Heidweg 16, 29553 Bienenbüttel, Tel. 05823/955339, www.kanuaktiv.de
Kanuverleih und geführte Touren auf der Ilmenau.

**Kinder**
Für die jüngeren Gäste Lüneburgs gibt es viele interessante Angebote, z. B. Stadt- und Rathausführungen speziell für Kinder, das Kindertobeland in Adendorf, Ausflüge in die Heide, Kletterparks u.v.m. Über die ganze Angebotspalette informiert die Lüneburg Marketing GmbH, Tel. 0800/ 220 5005, www.lueneburg.info.

**Kneipen**
Lüneburg hat ein umfangreiches Angebot an Kneipen (siehe S. 44). Die Kneipen am Stintmarkt haben alle Plätze im Freien, teilweise direkt am Wasser.
Die Kneipenmeile in der Schröderstraße zeigt sich in der warmen Jahreszeit als eine große Freiluft-Szenerie.
Eine kleine Auswahl:

*Schröder's Garten*
Vor dem Roten Tore 72b,
Tel. 04131/48877,
www.schroedersgarten.de
Biergarten an der Ilmenau, nur während der Sommersaison (ab 16 Grad) geöffnet. Bootsverleih und Open Air-Veranstaltungen.

*Schallander*
Am Stintmarkt 10, Tel. 04131/ 32800, www.schallander.de
Urgestein unter den Kneipen, Ponton auf der Ilmenau mit Sitzplätzen.

*Tapas Bar Ochi's Barcelona*
Lüner Straße 5,
Tel. 04131/2847597
Kleine katalanische, stets gut besuchte Bar mit sehr guten Tapas und Weinen.

*Café News*
Schröderstraße 5, Tel. 04131/ 401144, www.news-lueneburg.de
Hier gibt es alles, was das Kneipenherz begehrt. After-Work-Partys und während der Adventszeit den kleinsten Weihnachtsmarkt Norddeutschlands mit leckeren Heißgetränken.

*Zwick*
Schrangenplatz 1/Schröderstraße,
Tel. 04131/2661177,
www.zwick4u.com
Rock-Kult-Kneipe mit Live-Musik und Raucherlounge in der ersten Etage.

**Kultur**
Theater, Konzerte, Kino

*Theater Lüneburg*
An den Reeperbahnen 3,
Tel. 04131/42100,
www.theater-lueneburg.de

turm). Einen Plan gibt es bei der Lüneburg Marketing GmbH, Tel. 0800/220 50 05, www.lueneburg.info

**Polizei**

Auf der Hude 2, Tel. 04131/290, www.pd-lg.polizei-nds.de

**Restaurants**

Es gibt zahlreiche Restaurants in Lüneburg und der Umgebung. Achten Sie auf das Zeichen „Regionale Esskultur“ (Weiße Kochmütze auf hellblauem Grund). Die Gastronomen, Hofläden und Cafés, die mit diesem Schild werben, kochen mit überwiegend regionalen Zutaten nach überlieferten Rezepten.
Aber auch Freunde internationaler Küche kommen auf ihre Kosten. Eine kleine Auswahl:

*Frappé*
Schröderstraße 14,
Tel. 04131/4099947
Kleines Restaurant mit original griechischer Küche – ohne Fleischberge und Metaxa-Soße.

*Zum Heidkrug*
Restaurant & Hotel (Seite 44)
Am Berge 5, Tel. 04131/24160, www.zum-heidkrug.de
Inhaber und Chefkoch Michael Röhm erkocht sich seit 1994 jedes Jahr seinen Michelin-Stern. Feine, leichte und kreative Küche ist das Ergebnis, das in dem über 500 Jahre alten Haus serviert wird.

*Osteria Rustica*
Am Stintmarkt 11, Tel. 04131/732517, www.osteria-rustica.de
Holzofen-Pizza und anderes aus der italienischen Küche.

*AroiThai*
Am Stintmarkt 15,
Tel. 04131/2206952
Gute thailändische Küche in kleinem Lokal am Stintmarkt.

*Landgasthaus Tödter*
Salzhausener Straße 11, 21385 Oldendorf (Luhe), Tel. 04132/289, www.landgasthaus-toedter.de
Hier kocht der Chef des Hauses. Saisonales wie Stint, Spargel und Pfifferlinge kommen auf den Tisch wie auch Heidschnucken und Forellen der eigenen Zucht. Schöner Garten und Pension.

*Stössel's Hotel & Restaurant*
Im Dorfe 2, 29575 Altenmedingen/Bohndorf, Tel. 05807/291, www.stoessels.de
Landgasthof in herrlicher Natur, 18 Kilometer östlich von Lüne-

burg. Sehr gute Küche, Wild- und Fischspezialitäten.

### Stadtführungen

Von dem Rundgang mit der Stadtwache über den Rote Rosen-Rundgang bis hin zur Führung über die Blütezeit der Hansestadt gibt es eine Menge Erlebnisstadtführungen in Lüneburg. Teils interaktiv, teils mit Augenzwinkern, aber immer sehr informativ und anschaulich.
Info & Buchung: Lüneburg Marketing GmbH, Tel. 0800/2205005, www.lueneburg.info und www.stadtfuehrungen-in-lueneburg.de

### Taxi

Funktaxenzentrale in Lüneburg, Bessemerstraße 5, Tel. 04131/52025, www.taxenzentrale-vlk.de

### Tourist-Information

Rathaus/Am Markt,
Tel. 0800/2205005 (kostenfrei),
www.lueneburg.info
Öffnungszeiten Mo–Fr 9.30–18 Uhr, Sa 9.30–14 Uhr, Mai–Oktober sowie zur Zeit des Weihnachtsmarkts Sa 9.30–16 Uhr, So 10–16 Uhr

### Wohnmobilstellplätze

*Stellplatz Sülzwiesen*
Am Bargenturm, 53 Stellplätze in direkter Innenstadtnähe.
Infos: Lüneburger Parkhaus und Parkraum Verwaltungs-GmbH, Tel. 04131/6996990

*Stellplatz Adendorf*
Scharnebecker Weg, 21365 Adendorf, www.adendorf.de
Neuer Stellplatz (seit 2013) gegenüber dem Eisstadion in Adendorf, ca. sechs Kilometer nördlich von Lüneburg.
Infos: Lüneburger Parkhaus und Parkraum Verwaltungs GmbH, Tel. 04131/6996990 und Gemeinde Adendorf, Tel. 04131/980923

### Schiffshebewerk Scharnebeck (S. 108)

Ein Hebevorgang mit der Barkasse Uhu II. Buchung über die Reederei Helle, Tel. 04153/592848, Mobil: 0171/9945396, www.reederei-helle.de.
Schifffahrten von Lauenburg nach Scharnebeck. Buchung über Personenschifffahrt Jürgen Wilcke, Tel. 04139/6285, www.personenschifffahrt-wilcke.de

# Kurzregister
## Orte, Straßen und Kirchen

# Impressum/Bildnachweis

Bibliografische Information der Deutschen Nationalbibliothek
Die Deutsche Nationalbibliothek verzeichnet diese Publikation in der Deutschen Nationalbibliografie; detaillierte bibliografische Daten sind im Internet über http://dnb.d-nb.de abrufbar.

ISBN 978-3-8319-0552-2



Lektorat: Werner Irro, Hamburg
Redaktion: Sophie Torp, Hamburg
Gestaltung: BrücknerAping Büro für Gestaltung GbR, Bremen
Lithografie: Griebel-Repro, Hamburg
Kartografie: THAMM Publishing & Service, Bosau
Gesamtherstellung: CPI books, Leck

Bildnachweis:
Leuphana Universität: S. 11; Museum Lüneburg: S. 13, 81; Deutsches Salzmuseum, Lüneburg: S. 14/15, 54; M. Pasdzior: S. 44; Ostpreußisches Landesmuseum: S. 86; Salztherme Lüneburg: 95 l., 95 r.; Edith Pfeifer/lustauflueneburg.blogspot.de: S. 103; Heide Region Uelzen e.V.: Umschlag RS li., S.111; BBM/B.Rehse: S. 113; Naturpark Lüneburger Heide: S. 119; Wildpark Schwarze Berge: S. 125; Weltvogelpark Walsrode: 127 l., 127 r.; Iserhatsche: 132, 133; Barfußpark Egestorf: 134, 135; Biosphaerium Elbtalaue: Umschlag RS r., S. 144, 145; Gemeinde Amt Neuhaus: S.146; sowie aus: Joachim Matthaei, Lüneburg, Deutscher Kunstverlag, 3. Aufl. 1978: S. 10; Fotolia: Titelfoto u.mi. (Gabriele Rohde); Titelfoto o., 7 u. (m. letschert); 28/29, 30 u., 33 (Ernst Pieber); 46, 48, 62, 64, (thorabeti); 47, 53 (Klaus Rose); 49 (fotobeam.de); 52 (Sven Petersen); 59 (Rolandst); 60, 61 (Arnim Schulz); 84 (eyewave); Titelfoto u.li., 89, 91 (Udo Kruse); 109; huber-images.de: Titelfoto u.r., S. 8/9, 23, 51, 115, 123, (Günter Gräfenhain); 107 o., 116 (Hans-Peter Huber); 129 (Fritz Mader); Krausz, Tom: 18, 19, 21, 26, 37, 38, 63, 78; Neß, Berit: Umschlag RS mi., 16, 17 o., 22, 24, 25, 27, 29 u., 30, 31, 36, 39, 41, 43, 45, 50, 55, 56, 57, 65, 66, 68, 79, 82, 83, 85, 97, 99, 105, 107 u.l, 107 u.r, 114, 117, 128, 137, 139, 141, 147, 150; wikipedia.de: 32 (Ralf Roletschek); 34, 87 (Jörgens.mi /CC-BY-SA-3.0); 35, 93 (Kolossos); 76, 77 (Frank Vincentz); 67, 75 (DerHexer); 70, 71, 73 (Taxiarchos228); 90 l., 90 r. (Heideröslein); 102 (UResas); 106 (Arnoldius); 121 (Willow); 124 (Michael Gäbler), 126 (Agadez); 130 (Axel Hindemith/creativecommons.org/licenses/by-sa/3.0/de/legalcode); 131 (losch); 136 (Oxfordian Kissuth); 143 (Z thomas)

Alle Angaben in diesem Stadtführer sind gewissenhaft geprüft. Preise, Öffnungszeiten etc. können sich aber schnell ändern. Daher können Autoren und Verlag keine Gewähr für die Richtigkeit übernehmen.

Für Anregungen, Berichtigungen und Ergänzungsvorschläge sind wir dankbar. Bitte senden Sie diese an:

Ellert & Richter Verlag
Große Brunnenstraße 116
22763 Hamburg
Fax: 040/39 84 77 23
E-Mail: info@ellert-richter.de

www.ellert-richter.de